Beck'sche Reihe
BsR 377

Von Günther Anders liegen bereits Tagebuchaufzeichnungen aus dem Exil in Paris und Los Angeles, aus dem Nachkriegseuropa, aus Hiroshima, zum Vietnamkrieg vor: fast ausnahmslos Stellungnahmen zu den epochalen, zumeist katastrophalen Ereignissen seiner Lebenszeit. Wenn er darin etwas über seine eigenen Gefühle notiert hat, so doch kaum je aus dem von Augustinus bis Freud üblichen Interesse am eigenen Innenleben oder aus Lust am Wühlen oder gar aus Konfessionsgier, sondern immer nur dann, wenn er seine eigenen emotionalen Reaktionen für Beispiele, für geschichtlich charakteristisch hielt.

Das gilt auch für die hier vorgelegten Stücke seines New Yorker Tagebuches der Jahre 1947–1949, auch wenn nun Gefühle, die seinen und die seiner Schicksalsgefährten, Hauptgegenstand der Darstellung sind, und zwar einer geschichtlichen Darstellung. Nichts wäre in der Tat naiver als zu glauben, Gefühle blieben konstant (während Ideen sich ständig änderten), z. B. Liebe sei heute dasselbe Gefühl wie etwa im Athen des Perikles oder in der Goethezeit. Ein knappes Jahrzehnt nach diesen Tagebucheintragungen hat Anders im ersten Band seiner „Antiquiertheit des Menschen“ eine Geschichte des Fühlens als ein Desiderat bezeichnet. Die hier vorgelegte Darstellung ist ein Beispiel für ein solches historisches Gefühlsporträt.

Günther Anders, 1902 geboren, promovierte 1923 bei Husserl, emigrierte 1933 nach Paris und 1936 nach Amerika. Er lebt seit 1950 in Wien. Günther Anders ist der „wahrscheinlich schärfste und luzideste Kritiker der technischen Welt“ (Jean Améry), sein Hauptwerk ist „Die Antiquiertheit des Menschen“ (siehe S. 141).

GÜNTHER ANDERS

Lieben gestern

Notizen zur Geschichte des Fühlens

VERLAG C.H.BECK MÜNCHEN

CIP-Titelaufnahme der Deutschen Bibliothek

Anders, Günther:
Lieben gestern / Günther Anders. – 2., durchges. Aufl. –
München : Beck, 1989
(Beck'sche Reihe ; 377)
ISBN 3 406 33132 7
NE: GT

ISBN 3 406 33132 7

Zweite, durchgesehene Auflage. 1989
Umschlagentwurf von Uwe Göbel, München

Satz: Hieronymus Mühlberger KG, Augsburg
Druck und Bindung: C.H. Beck'sche Buchdruckerei, Nördlingen
Printed in Germany

Inhalt

Vorbemerkungen über die Geschichte des Fühlens

Ursprünglich, in den Jahren 1947–49, hatte ich die nachfolgenden Tagebucheintragungen unter dem Dachtitel „*Lieben heute*" zusammengefaßt. In den vierzig Jahren, die unterdessen verflossen sind, hat sich das meiste, was in diesem Tagebuch geschildert worden ist, fundamental verändert; manche Erscheinungen, z. B. die mit dem amerikanischen Puritanismus zusammenhängenden, sind geradezu in ihr penetrantes Gegenteil umgeschlagen. Und die mit „wir" Bezeichneten: nämlich die von Hitler ins amerikanische Exil Vertriebenen, namentlich diejenigen, die sich nicht als „Immigranten" fühlten, sondern als Rückkehr planende „Emigranten", die gibt es einfach nicht mehr. Die Veränderung des Titels ist um so rechtmäßiger, als ja auch schon der ursprüngliche Text Reflexionen über die Rolle des Liebens in den vorangegangenen, den vorgestrigen Generationen enthalten hatte.

Als ich nun vor einem Jahre die beinahe vergessenen Eintragungen wiederlas, war ich beinahe doppelt so alt wie der ehemalige Tagebuchschreiber in New York. Die Lektüre war mir nicht nur erfreulich. Nicht etwa deshalb, weil ich mich nun mit dem damals Geschriebenen nicht mehr hätte einverstanden erklären können. Umgekehrt war ich befremdet, weil mein damaliger Denk- und Schreibstil offensichtlich bereits mein heutiger gewesen war – und das kränkte mich, nein, das erschreckte mich sogar, so als tauche da jemand auf, der es frech beanspruche, mir zuvorgekommen zu sein. „Sollten etwa", so fragte ich mich eifersüchtig, „die täglichen Arbeitsmühen der verflossenen vierzig Jahre vergeblich gewesen sein? Vergeblich in dem unalltäglichen Sinne von ‚überflüssig'?" Kurz: auf den Fünfundvierzigjährigen, der diese Tagebucheintragungen, meinen „gelegenheitsphilosophischen" Stil vorwegnehmend, mühelos hatte herunterschreiben können, auf den war ich nicht sehr gut zu sprechen.

Ich habe bereits früher diverse Stücke aus meinen Tagebüchern vorgelegt. Exilaufzeichnungen aus Paris und Los Angeles; Eintragungen über das Wiedersehen mit dem nicht nur physisch verwüsteten Europa; Notate über Hiroshima; Kommentare zum Vietnam-Krieg; fortlaufende Interpretationen der „unbeherrschten" Weltraum-„Beherrschung". Diese Aufzählung beweist, daß es sich *niemals* um *ausschließlich private sujets* gehandelt hat; daß ich *meine sog. „Erlebnisse"* – ein schwülstiges Wort, das ich schon seit einem halben Jahrhundert nicht mehr hören kann – *niemals für mich selbst festgehalten habe*, sondern stets nur für andere; richtiger: immer *nur dann, wenn das Erlebte charakteristisch für unsere Epoche* war; namentlich dann, wenn ich hoffte, durch dessen Formulierung meine Zeitgenossen zu Erkenntnissen, vielleicht sogar zum richtigen Handeln verführen zu können.

Natürlich bin ich mir darüber im klaren, daß meine Tagebuch-Eintragungen durch die thematische Beschränkung auf die epochalen Ereignisse, die nicht nur mich, sondern alle Zeitgenossen betreffen (oder mich nur deshalb, weil sie alle betreffen) –, daß also diese meine Eintragungen im Sinne der Psychologien von Augustin bis Freud psychologisch uninteressant und reizlos sind. Aber auch ich selbst habe mich trotz meiner vielen Tagebücher für mich selbst eigentlich nie sonderlich interessiert; alles, was sich zu meinen Lebzeiten seit 1914 abgespielt hat, ist stets zu dringlich und zu haarsträubend gewesen, um neugieriges Herumstochern in eigenen Tiefen zu erlauben, nein, um dieses auch nur verlockend erscheinen zu lassen. Die Gier danach ist mir fremd geblieben, und in diesem apokalyptischen Zeitalter scheint mir solche Beschäftigung (die das halbe Leben meiner Tanten ausgefüllt hat) nicht nur ungehörig, sondern schlicht albern. Vollends zu schweigen von der Inanspruchnahme von Analytikern, die, wissenschaftlich sehr bescheiden, mit Hilfe eines dürftigen Vokabelbesteckes behaupten, die geheimsten Eingeweide der Egos bloßzulegen, der Egos, die gar keine sind, da sie ja, von früh bis spät mit ein und demselben völlig ungeheimen Medienbrei gefüttert, *gar nicht die Chance oder das Unglück gehabt hatten, jemals zu privaten Egos zu werden, oder,* wie es, bereits langweilig, heißt, „*sich*" (bitte wen oder was oder wozu?) „*zu verwirklichen*". Die postpsychoanalytische Epoche hat eingesetzt, sollte jedenfalls eingesetzt haben. Gleichviel, von geheimen seelischen Prozessen handeln meine Tagebucheintragungen niemals. Wenn sie zuweilen doch privat scheinen, so wohl vor allem deswegen, weil manche der in den Tagebüchern dargestellten Privat-Erfahrungen und -Gefühle (namentlich die durch die bereits geschehenen wie die bevorstehenden Katastrophen ausgelösten) *eigentlich unprivat* sein, *d. h. eigentlich von jedem Zeitgenossen ebenfalls gefühlt werden sollten oder müßten* – was nur eben leider nicht der Fall war oder ist.

Vor über dreißig Jahren habe ich als das bedauerlichste Desiderat der Geschichtsforschung die „*Geschichte der Gefühle*" benannt. Auf Grund von Vorurteilen, deren Wurzeln hier nicht freigelegt werden können, hatte man in der Tat bis heute den *emotionalen Apparat des Menschen für eine natürliche und unveränderbare Mitgift* (etwa wie die physiologische Ausstattung) *des Menschen* gehalten; während es natürlich niemanden gegeben hätte, der nicht die pausenlose Veränderung der Ideen, der Institutionen in der Gerätewelt zugegeben hätte. Daß das *Veränderungstempo* des Fühlens Jahrhunderte lang langsamer gewesen ist als das des Denkens, mag zwar zutreffen. Aber diese Tatsache enthebt uns nicht etwa der Aufgabe, uns diese Geschichte klar zu machen. Umgekehrt haben wir festzustellen, daß die rasante Veränderung unserer Fähigkeiten, namentlich unserer technischen, uns so überholt hat, daß deren Vorsprung vor unserer emotionalen Kapazität katastrophal groß geworden ist – womit ich meine, daß wir der Enormität unserer selbst „hergestellten" Welt, namentlich unserer Fähigkeiten, diese zu vernichten, so wenig gewachsen sind, daß wir, wenn wir überleben wollen, uns zur Veränderung unseres Fühlens (also zu dessen „Geschichte") gewaltsam zwingen müssen; und das selbst dann tun müßten, wenn es die (durch ihr Schneckentempo unkenntliche) Geschichte nicht ohnehin gäbe. In der Tat hatte ich diesen Gedanken bereits vor 32 Jahren[1], angesichts der Enormität der Gefahr des Nuklearkrieges, ausgesprochen, als ich, verzweifelt über die Langsamkeit des Einsetzens oder gar der Mobilisierung der unserer Situation angemessenen Angst, deren bewußte und programmatische Erweiterung, also eine Veränderung, nein, geradezu eine *Verwandlung* unseres uns angeborenen, angeblich invarianten Gefühlshabitus und unseres zu engen „*Gefühlsvolumens*" forderte.[1]

Natürlich ist dieses Postulat der Veränderung der Gefühle eine Extremforderung. Aber diese sollte uns nun ihrerseits dazu veranlassen, den Blick in die Vergangenheit zurück zu werfen, um herauszufinden, ob nicht *unsere Geschichte* – wofür die der Religionen, der Sitten und der Künste wohl deutlich spricht – stets als *Geschichte sich verändernder Emotionen vor sich gegangen* ist. Niemand wird ja wohl behaupten, daß der Haß eines kämpfenden *Hopliten* in den Perserkriegen das gleiche Gefühl gewesen sei wie das heutige „Kampfgefühl" (sofern es das noch ist) eines, Menschenmassen auf einem anderen Erdteil liquidierenden, *Raketenbasenbedieners*.[2]

Wenn ich hier diesen von mir vor mehr als dreißig Jahren ausgesprochenen Gedanken wieder aufnehme, so deshalb, weil die folgende Darstellung der Liebe im Exil-Leben des 20. Jahrhunderts von Gefühlen handelt, die es unter früheren Umständen so gewiß nicht gegeben hätte. Die Tagebuchseiten illustrieren mithin verfrüht Thesen, die ich erst zehn Jahre später programmatisch und thesenhaft formuliert habe: daß die Aufgabe der morgigen Historiker, sofern es diese geben wird, auch darin bestehen wird, Geschichte als „Geschichte der Gefühle" zu schreiben. Mit Verblüffung stelle ich fest, daß, ohne daß ich von vornherein „Systemabsichten" verfolgt hätte, meine Schriften, auch die thematisch diversesten, auch die okkasionellsten, eng zusammengehören.

[1] Die Antiquiertheit des Menschen I, S. 271 f., 309 ff.

[2] Siehe auch „Die Antiquiertheit des Hassens", in: „Haß", Rowohlt Sachbuch 7899.

New York 1947

27. November

Beim Ordnen von Manuskripten. Den Fünfzig sich zu nähern und nur ein einziges Stück zu entdecken, das in die Rubrik ‚Liebe' gehört – welchem Schriftsteller der letzten zwei Jahrhunderte hätte das wohl zustoßen können? Aber ein Einzelfall ist meiner nicht, sondern ein reiner Generationsfall.

28. November

Wenn im vorigen Jahrhundert Liebe das Kernthema der Gesellschaft und der Literatur war, so wohl vor allem, weil sie als Erlösungsersatz diente. Da sowohl der verweltlichte Zustand des Christentums wie der Naturalismus ‚Erlösung' im religiösen Sinne ausschloß; da wirtschaftlicher Individualismus der ‚Erlösung durch Gemeinschaft' (wie Comte und die verschiedenen Sozialismen sie erhofft hatten) widersprach, verlangte die Zeit etwas, was zugleich kommunionsartig, privat und weltlich war. Eine widerspruchsvollere Bedingung könnte man sich schwerlich ausdenken. Nur die Geschlechtsliebe genügt ihr: sie ‚erlöst' von Institutionen, Alltag und Vereinsamung; privat war sie, denn sie erforderte nicht mehr als zwei Menschen; und daß sie die Verkörperung des Weltlichen war, das bedarf keiner Erklärung. – Das Sinnliche wurde nun also zum Übersinnlichen befördert, Brunst zur Inbrunst, der Akt zur unio mystica. (Geschichtlich gesehen übrigens ein sehr interessanter Vorgang, weil er das ‚Negativ' des Barock war, das die Inbrunst als Brunst dargestellt und die unio mystica ins Geschlechtliche übersetzt hatte. Isolde als Umkehrung der Berninischen Theresa.)

Heute sind wir von dieser Religiosifizierung der Liebe sehr weit entfernt. Die Idee des Liebestodes wirkt bereits reichlich fremd auf uns. Aber seine Musik geht doch auch uns noch ziemlich ins Blut. Wir haben ihr nichts entgegenzusetzen, weil wir nichts haben, was dem „Tristan" oder dem, was er für seine Generation geleistet hat, entspräche.

Wenn wir darüber höhnen, daß vor fünfzig, fünfundsiebzig oder hundert Jahren unsere Vorfahren der Liebe eine Maximalrolle zuteilten und sie zur Philosophie oder Religion promovierten, machen wir es uns vielleicht zu leicht. Denn wir haben überhaupt keine Philosophie der Liebe ... womit ich das Fehlen des Minimums meine: Daß wir nämlich in unseren ausgesprochenen oder unausgesprochenen Philosophien die Liebe einfach *ausgelassen* haben. Noch nicht einmal als Bagatelle mit geringster, aber immerhin bestimmter Rolle im Ganzen kommt sie vor ... was zur Folge hat, daß nun jeder nicht nur zusehen darf, sondern zusehen muß, wie er sie in sein Leben einfüge und in ihm festlege. Solche ausgesparte, ‚frei' gelassene Stellen auf jeden Fall mit ‚Freiheiten' gleichzusetzen, ist sehr bequem. Sich über etwas den Kopf *nicht* zerbrechen, ist weder Freiheit noch Unfreiheit, sondern Nachlässigkeit. Und letztlich ist solche Auslassung natürlich bloßer Schein; Schein wie die Auslassung von ‚Tod' und ‚Gewalt': *Wir* mögen die Liebe zwar auslassen, aber *uns* wird sie deshalb noch lange nicht auslassen.

28. November

Daß die Entscheidungen, Geschehnisse, Zusammenbrüche, Zielsetzungen der Welt im Größten das Private für unsereins zugedeckt oder zugeschüttet hatten, wäre eine viel zu einfache, sogar eine schiefe Behauptung. Wir *hatten* unser Privates, und wir *haben* es. Und mindestens ebenso berechtigt wäre die Gegenbehauptung: Unsere private Liebe habe gerade durch den Zusammenbruch der Welt die Chance gehabt, zum letzten, das Dasein des einzelnen noch haltenden Not-Anker zu werden ... nein, nicht wie im letzten Jahrhundert, zum ‚Daseinsgrund' oder zum ‚Ewig-Weiblichen', das uns ‚hinaufzieht', aber eben doch zur letzten Bürgschaft dafür, daß ein Minimum von Freude uns doch nicht mißgönnt sei. Wirklich hat ja das Private oft gerade dadurch die Gelegenheit gehabt, ganz und ausschließlich privat (= privé de tout) zu werden, daß der Zusammenbruch der Welt die *Einfügung* des Liebesgefühls oder des Liebesverhältnisses in Institutionen und die Einordnung des Liebenden in die Gesellschaft unmöglich machte: So wie nach Kierkegaard die Sinnlichkeit gerade darum ‚sie selber' und ein ‚Besonderes' hatte werden können, weil das Christentum sie moralisch in die Ecke gestellt und verselbständigt hatte.

Daß andererseits so mancher unserer Generation, durch wirklichen Einsatz für ‚Sachen', also für Nicht-Privates, in der Liebe und in anderen mensch-menschlichen Beziehungen (zwar nicht roher, aber doch) nachlässiger, plumper, witzloser, unritterlicher geworden ist, das kann man nicht leugnen. Ewig kann sich ohne Ritter keine Ritterlichkeit, ohne Hof keine Höflichkeit, ohne Salon kein Charme, ohne materiellen Rückhalt keine Rücksicht halten, auch als bloße Spiel-Form nicht. Leider nicht. – Und ebenso schrumpft in einer Welt, die uns um Muße und die anderen Bedingungen des Privaten betrügt, die Subtilität unseres seelischen Privatlebens.

30. November

Viele von uns werden gewiß bald vollkommen abgestumpft sein; nicht nur gegen alberne, etwa der Langeweile entsprungene Subtilitäten, sondern gegen Subtilität überhaupt. Für das, was man sich nicht mehr erlaubt, nicht mehr erlauben darf, verliert man sein Fingerspitzengefühl. Wer leugnet, daß Moral den Menschen immer verplumpt hat, ist geschichtsblind. Trotz unbestreitbarer Blickschärfe war selbst Tertullian schon zu kurzsichtig, um zu erkennen, was er durch Bekämpfung der griechischen Welt verspielt hatte; und um zu erschrecken. Wahrscheinlich würde auch der Subtilste von uns bereits barbarisch wirken, wenn man ihn heute neben seine Großmutter stellte, die es sich noch hatte leisten können, Jahrzehnte hindurch täglich ihre seelischen Fingerübungen zu betreiben und die Etüden ihrer Melancholie. –

1. Dezember

Ist die Verkümmerung des Privaten wirklich *nur* Verlust? Hatten nicht die letzten hundertundfünfzig oder zweihundert Jahre ihre Subtilität in privaten Beziehungen furchtbar teuer bezahlt? Mit einer, das Blamable streifenden Wichtignahme und Pathetisierung der Liebe und mit einem Aufwand an Indiskretion, der uns heute schon geradezu exotisch anmutet? Sind wir nicht die ersten Urenkel, die frei sind von den Resten dieser Rousseauschen Konfessionsmanie? Die erste stubenreine Generation, die es gelernt hat, anderer Leute Leben zu besuchen und zu verlassen, ohne seelische Flecken zu hinterlassen. Kommen uns nicht die meisten Romane, etwa zwischen der „Lucinde" und Wassermann, wie Krankheitsgeschichten mit hohen Auflageziffern vor? Oder wie öffentlich als ‚Kulturwerte' anerkannte Dokumente der Schamlosigkeit? – Vor der Folie der Liebes-, Sehnsuchts- und Schwierigkeitsdokumente des letzten Jahrhunderts sind wir alle sehr unpathetische Leute und, trotz aller Unsubtilität, erfreulich verschwiegen. Nicht nur verschwiegener als die französischen und russischen Romanfiguren, sondern auch diskreter als die weltanschaulichen Helden Deutschlands und Skandinaviens. Litten nicht Hebbels Gyges, Wagners Tristan, von Ibsens oder Strindbergs Kreaturen zu schweigen, an metaphysisch oder moralistisch aufgeplusterter Konfessions-Manie? Hatten sie nicht sehr vieles von Gesellschaftsklatsch an sich? Die Psychoanalyse schließlich – wurde sie nicht mindestens *benutzt* als indiskretes Gesellschaftsspiel, auf der Bühne gespielt von der Gesellschaft für die Gesellschaft im Zuschauerraum?

Ich frage mich: Wer von uns, den Vertretern der um Neunzehnhundert Geborenen, wäre heute noch im Sinne des neunzehnten Jahrhunderts konfessionsgierig, zeigewütig oder klatschsüchtig? Eine ganze Reihe Gleichaltriger lasse ich Revue passieren. Sehr wenige Rousseau-Enkel sehe ich im Zuge; kaum einen, der einen autobiographischen Roman geschrieben hätte; kaum einen, der sich über seine ‚Erlebnisse' ausgelassen oder Liebe als Problem auch nur zum Thema gemacht hätte. Und nicht nur in dem, was sie schrieben, haben sie diese Zurückhaltung bewahrt; sondern auch im Leben, von Mensch zu Mensch: Als Mann zur Frau oder als ‚Liebender' zur ‚Geliebten'. (‚Liebender'– ‚Geliebte': daß diese Rilkeschen Zelebrationsworte hier schon so peinlich klingen, ist gute Bestätigung.) – Aber sogar privatissime waren die meisten zurückhaltend: sich selbst gegenüber. Wer von uns ist noch an seinem sogenannten ‚Innenleben' interessiert? Schon das Wort ist ungebräuchlich geworden. Wer belauscht sich selber? Wer guckt durchs Schlüsselloch sich selbst in die Kammer? Unbekannte Beschäftigungen.

Es ist kein Schlüsselloch mehr da: Denn man braucht keinen Schlüssel mehr. – Man braucht keinen Schlüssel mehr: Denn es ist keine Türe mehr da. – Es ist keine Türe mehr da: Denn die gestrige Dunkelkammer ist heute ein Raum unter anderen.

Die meisten der früher einschüchternden Tabus sind wirklich unwirksam geworden: Was wir entdecken würden, wenn wir durch das nicht mehr existierende Schlüsselloch der nicht mehr existierenden Tür guckten, wären nüchtern und rechtmäßig im Tageslicht stehende Seelenmöbel.

Nur wer die angsterfüllenden Tabus der Gesellschaft akzeptiert, nur wer voller Entsetzen einen Teil seiner selbst als eine, mit diesen Tabus nicht übereinstimmende Dunkelkammer anerkennt, der braucht Tür und Schlüssel zum Abschließen; und das Schlüsselloch, um hineinzuspähen. *Nicht sein ‚Innenleben' schließt man ab, sondern umgekehrt: Abgeschlossenes wird zum ‚Innenleben'. Das Tabu ist der Architekt der Seele.* Und conscientia = Gewissen wird zur conscientia = Bewußtsein. Schon Augustin hat das gewußt, wenn er beschrieb, wie sich unter seinen sündensuchenden Blicken die Gewölbe seiner Seele öffneten und die Grotten der Erinnerung Gestalt annahmen. Unser mangelndes ‚Innenleben' oder unser mangelndes Interesse am eigenen Innenleben (positiv: unsere Diskretion, Uneitelkeit, Neugierdelosigkeit) hat unmittelbar zu tun mit dem Zusammenbruch des Tabus. – Eine Untersuchung über die *Genealogie der Seele aus dem Geiste der Tabus* wäre eine rechtmäßige Aufgabe . . . die heute freilich echolos bliebe, da sich Psychologie und Ethik endgültig voneinander getrennt haben. Höchstens wird noch die Ethik ‚psychologisch begründet'; aber daß die Seele ein Kind der Moral sein könnte, das ist ein Gedanke, der heute nicht nachvollzogen werden könnte.

14. Dezember

Traf M. E. – Den kannte ich 1922, als er aus kalvinistischem Schweizer Milieu in den Strudel des Nachkriegs-Berlin geraten war. Damals verstand er das Geschlechtliche als ‚weltanschauliche Aufgabe', der er in wildem Fleiße oblag. – Seit einem Vierteljahrhundert ist er nun hier. Als ‚Psychologe'. Im nächsten Semester will er zweistündig über ‚self-expression as moral obligation' lesen. Ich traute meinen Ohren nicht. Daß Amerika den gegenwärtigen, sehr verspäteten, self-expression-racket als Gegenbewegung gegen puritanische Überlieferungen nötig hat, ist möglich; hier aber gleichgültig. Denn der Enthusiasmus, mit dem E. von seinem Vorlesungsplan sprach, bewies deutlich, daß er ihn nicht als Zugeständnis an Amerika meint, sondern daß er ihn *meint*. Er ist nur knappe elf Jahre älter als ich; aber noch steht er tief im neunzehnten Jahrhundert. Und noch heute prophezeit er das Vorgestern als avantgardistische Aufgabe für übermorgen. Wie lange will sich der Mann in dieser verstaubten Modernität noch herumtreiben? Drüben hätte er wohl kaum noch die Chance, seinen Staub als angeblichen Blütenstaub abzuschütteln. – Letztlich ist seine Begeisterung für self-expression natürlich nur die akademisierte Version des Nachkriegs-Expressionismus, der ihn geprägt hat. Der unterdessen merklich Gealterte ist nun von einem anderen Möbel zum Katheder übergegangen, von dem er die freie Liebe in der weniger anstrengenden und, wegen der Ähnlichkeit mit ‚freedom of expression', gesellschaftlich annehmbareren Form ‚freedom of emotional expression' propagiert.

15. Dezember

Wie uneitel die meisten meiner Generation neben solchen Restfiguren wirken. Uneitelkeit: Vielleicht ist sie der Grund dafür, daß der Typ nur so wenige beschreibbare oder eigentümliche Züge zeigt. Der Uneitle *zeigt* eben wenig, weil ihm, neben dem was zählt, Zeigen müßig und das Gezeigte belanglos vorkommt. Einen Originalitätsmaßstab werden wir nicht anlegen dürfen.

Waren heute abend bei dem Emigrantenehepaar K., dessen Physiognomielosigkeit in die Augen sprang. Um eine eigene Form der Privatheit für sich auszubilden, dafür hatten die beiden nicht Originalität genug besessen – so jedenfalls hätte man es vor einem Vierteljahrhundert ausgedrückt. In heutigen Worten: Gejagt von den Aufgaben und den Anforderungen der Zeit, hätten die beiden es als Zumutung angesehen, ihre Tage ‚mit so etwas zu vergeuden'. So konnte es ihnen passieren, daß sie ahnungslos in einen ganz konventionellen Privatstil abglitten, in den ersten besten Prüderiestil, dessen sie sich gerade noch entsannen; in einen Stil, zugeschnitten vom Biedermeier, verlacht schon von ihren Eltern, der ihnen, bewußten Zeitgenossen des zwanzigsten Jahrhunderts, gewiß nicht nach Maß sitzt. In den Augen der letzten Generation wären sie komische Figuren gewesen. In unseren nicht. Die komischen Mittel entwerten nicht den ernsten Zweck: Die beiden haben zusammengehalten.

Nein, Selbständigkeit des Stils ist das Letzte, worum es den beiden ging. Was sie, hineingeboren in eine strudelnde und kaum schiffbare Zeit, brauchten, war einfach – Selbständigkeit. Und daß sie sich, obwohl mit altmodischen oder lächerlichen Mitteln, eine sehr großartige Selbständigkeit errungen haben, das könnten nur Snobs leugnen. Die beiden waren nämlich für mehr als zehn Jahre auseinandergerissen gewesen. Als ergraute, veränderte Menschen mit völlig verschiedenen Erfahrungen haben sie sich nun, ohne viele Worte, wieder zusammengetan, am anderen Ufer der Zeitkluft, und sind nun, seit zwei Jahren, wieder zusammen, und ‚es geht'. – Und da sind andere, diesmal Tausende, Bohemiens wider Willen, die zehn Jahre hindurch nichts anderes gekannt hatten als ein einziges möbliertes Dachzimmer (wenn auch in fünfzigfacher internationaler Ausfertigung: einmal war es der Stuhl, der brüchig war, das andere Mal der Tisch) – aber noch heute sind sie beieinander, und ‚es geht'.

Und die Unerträglichkeit solchen Daseins (hör ich fragen), die, alle Privatheit erstickende, Enge – hat sie die Paare nicht verrückt gemacht, in den Selbstmord getrieben oder zum Strindbergschen Mord? Manche gewiß, und sicher nicht nur die Schlechtesten. Aber manche haben die Aufgabe eben bestanden, und ‚es ging'. Als ich einen von ihnen fragte, wie er es zustande gebracht habe, nannte er sich einen *negativen Lyriker.* „Ganz einfach", meinte er. „Der Lyriker behandelt das Wetter draußen als Stimmung seiner Seele. Wir haben das umgedreht und *behandeln unsere Stimmung als Wetter.*" – „Als Luft?" fragte ich. – „Richtig. Ob es bei mir regnet, was geht's mich an?" – „Hut ab", sagte ich. – „Behalten Sie ihn ruhig auf", meinte er. „Anderes blieb nicht übrig. Und wo man keine Wahl hat, ist die Heldentat keine Heldentat". – Nichts ist ihnen zu Hilfe gekommen, um sie zu erwachsenen Menschen zu machen; keine Hilfstruppe dieser Welt hat es ihnen erleichtert, ihrer Ehe Solidität zu verleihen ... es sei denn, man sei so generös, der Welt Druck, Schlag und Niedertracht als Hilfeleistungen anzurechnen. *Getragen* von der Welt war jedenfalls keiner. Privatheit oder Stille ... für absehbare Zeit gesicherte Arbeit ... identifizierbare bürgerliche Existenz ... Lebensplanung und Durchführung des Plans im Rahmen einer einigermaßen zuverlässigen Welt ... Kinder ... Wohnung – kaum einer hat diese natürlichen Stützen des Erwachsenwerdens gekannt. Wo in früheren Generationen Stämme gestanden hatten, an denen die einzelnen sich hatten heraufwinden können, haben für sie Nichtse gestanden: *Um Luftsäulen hatten sie sich hochzuranken; jeden Stamm selbst zu ersetzen und durch nichts als Charakter.* Daß diese Steigung durch die Luft manchem gelungen ist, das ist keine kleine Sache. Und wenn der eine oder der andere dafür die altertümlichsten Klettergeräte verwandte und einen komischen Anblick bot – bitte.

16. Dezember

Mit den gestrigen Bildern im Hintergrund, geriet ich zufällig in späte Rilke-Briefe.

Ich weiß nicht, wer vom ‚vertigo historicus' geredet hat, vermutlich Friedrich Schlegel; jedenfalls ergriff mich durch Rilkes Apotheose der Liebe und der Liebenden ein Geschichtsschwindel, ein Taumel der geschichtlichen Orientierung, wie ich ihn nie erlebt hatte. Schwer zu sagen, wohin ich mich versetzt fühlte – jedenfalls schien es eine Zeitgegend, die viel weiter von mir entfernt war als die Tolstois, Kellers, Baudelaires, Goethes oder Diderots. Es ist, als könnte man zu diesen Ferneren wie zu Nachbarn im Sprunge unmittelbar hingelangen, während der in zeitlicher Luftlinie so viel nähere Rilke an einer Stelle sitzt, die durch hundert Hürden des von uns selbst Erlebten verbaut ist. *Das Vorgestern ist ferner als das vorige Jahrhundert.*

Seine Apotheose der Liebe ist die widersinnigste und überschwenglichste, die man sich vorstellen kann: Nicht die Geliebte besingt er; nicht die eigene Erlösung durch Liebe; auch nicht Liebe als Weltmacht wie, auch heute noch großartig, Schiller in seinem „An die Freude". Sondern die *Liebenden.*

Er spürt bereits: Vor den Aufgaben und Leistungen der Zeit wäre es erbärmlich, *nur* im Gefühl zu leben. Aber herauszuspringen aus diesem seinem, beinahe professionellen, Fühlen ist ihm nicht gegeben. Also macht er, ein verschämter Subjektivist, dieses Fühlen selbst zur Aufgabe und Leistung. Natürlich zur Aufgabe und Leistung weder in einem kierkegaardschen noch in einem sexualprotzerischen Sinne; sondern in einem *pseudokosmologischen*: Da – so etwa könnte man seine philosophische Dichtung in Prosa übersetzen – da ohne die Liebenden Liebe nicht da wäre, Liebe aber dasein *soll* (‚Auftrag'), *tun die wahrhaft Liebenden vermittels ihres Gefühls der Welt einen Gefallen.* (Einander eigentlich nur in zweiter Linie.) So „leistend" haben die Liebenden sich eingeordnet, auch sie spielen nun ihre objektive Rolle in der Welt; und eigentlich verdienten sie einen Universums-Orden für gute Durchführung einer kosmischen Mission.

Daß diese Rehabilitierung der Liebe, diese Darstellung einer Wallung als Tat, *die Verwendung einer Arbeitskategorie (‚leisten')* *für ein Gefühl,* in den Augen von Leistenden, besonders von denen, die vor Arbeit zum Lieben niemals gekommen sind, wie *Falschmünzerei* wirkt, ist nicht nur begreiflich, sondern berechtigt.

20. Dezember

Zuweilen scheint mir, es habe bei den besten Paaren so etwas wie ein unausgesprochener, deshalb um nichts weniger bindender, Geheimvertrag bestanden, den Gefahren des Privaten nicht zu erlauben, sich ins Katastrophenhafte auszuwachsen. Ich hatte schon angesetzt zu schreiben: ‚ins lächerlich Katastrophenhafte' – eben, weil vor der Folie der Massenkatastrophen die private, sogar die unvermeidbare private Katastrophe etwas Lächerliches hat. Daß dem so ist, mag selbst noch einmal eine Katastrophe sein: aber es ist eben eine Tatsache. (Die lange L. zum Beispiel, die vor sieben Jahren wegen einer wirklich ausweglosen Liebesschwierigkeit an Selbstmord dachte, kam mir damals vor, als klagte sie während des jüngsten Gerichts über Zahnschmerzen.)

Wollte man den stummen Vertrag in Worte übersetzen, er würde lauten: „Ob wir es bedauern oder nicht, so wie die Welt nun einmal ist, im Mittelpunkt kann heute das Privatleben nicht stehen; also darf es uns nicht aufreiben." Aber damit ist der imaginäre Vertragstext nicht zu Ende. Denn er schließt: „Also haben wir einander wie rohe Eier zu behandeln". – Das klingt widerspruchsvoll oder wie ein Sprung; aber es ist wirklich gerade die ‚Abwertung' des Privaten, die ‚*Komplicität*' *des Verzichts,* die hie und da so etwas wie erste Ansätze zu einer neuen Rücksicht und Delikatesse hervorgebracht hat und hervorbringt. Der Ausdruck ‚Abwertung' ist vielleicht irreführend: Worum es sich handelt, ist nicht vertrotzte Absage an das Privatleben, sondern nur die Einsicht, daß es uns durch die Macht der Umstände versagt ist. Wer diese Einsicht enthusiastisch bejaht, ist ihr moralisch nicht gewachsen; wer sie stoisch bejaht, schon eher; bei den ‚Besten' freilich ist die Einsicht mit unverblümtem Bedauern verbunden, und das mit Recht. Wer niemals, etwa beim Lesen Stifters, vor einem Bilde wirklicher Privatheit, seine Fassung verlor und niemals durch das Versäumte erschrak, der gehört nicht mehr zu denen, die über diese Dinge mitreden dürfen.

21. Dezember

Abzuschätzen, wie viele diesen ‚Besten' unserer Generation zugehören, ist sinnlos. Eine *Gruppe* bilden sie nicht. Aber auffallend ist, daß das gestrige Emigrantenportrait gleichzeitig Menschen der verschiedenartigsten Gruppen abbildet ... wohl immer diejenigen, die in ihren Gruppen ernst-, also vorbildlich genommen werden. Ich weiß, man wird sagen, diese (die entferntesten Ecken wie Querbalken verbindenden) gemeinsamen Generationszüge seien unwichtig. Ich glaube das nicht. Auch die 1748 oder 1848 antagonistischsten Zeitgenossen haben heute, in unseren Augen, Entscheidendes gemeinsam. Generationszüge sind es jedenfalls, die ich hier beschreibe.

28. Dezember

Ehepaar N. – Das Bewußtsein gleicher Erfahrungen und gemeinsamer Gefahren bringt ein Nähegefühl hervor, mit dem andere, noch so starke, erotische Bindungen kaum konkurrieren können. Gemeinsame Erfahrungen bedeuten: Über das, was am meisten ‚der Rede wert' ist, braucht man nicht mehr zu reden; man kann sich spießgesellenhaft auf Andeutungen beschränken und des Anderen Winke richtig erschließen; oder richtiger: man versteht sie kurzschlußhaft. Diese Beschreibung ist beinahe die Beschreibung der Liebe: Denn wenn etwas die Liebessituation von anderen Situationen unterscheidet, so der ständig und verläßlich arbeitende Kurzschluß-Mechanismus. Funktioniert nun aber ein ähnlicher Mechanismus zwischen ‚Komplicen der Erfahrung', so ist es nur natürlich, daß die hin- und herspringenden Funken die Menschen als *ganze* elektrisieren. *‚Komplicität' mündet in Liebe, in ‚Liebe auf den letzten Blick'*.

30. Dezember

Die vorgestern beschriebene Verwandlung von ‚Komplicität' in Liebe ist kaum mehr als ein Allerweltsvorgang. Den ‚Besten' (jedenfalls einigen der ‚Besten' wie z. B. Kr.'s) ist mehr als das zugestoßen. Ihnen ist etwas geglückt; vielleicht sogar zum ersten Male seit Generationen: Nämlich eine *Zusammenschaltung von Sinnlichkeit und Moral.* – Hat man Kr.'s vor Augen, so klingt das einerseits zu pathetisch, andererseits zu gering. Was ich meine, ist nicht der seit zweitausend Jahren bis zum Überdruß beschriebene siegreiche Kampf der ‚Vernunft' mit der (auf ein anderes Ziel gerichteten) ‚Sinnlichkeit'; sondern der viel humanere Zustand, in dem die *Divergenz zwischen den beiden Zielsetzungen* der Vernunft und der Sinnlichkeit bereits *aufgehoben* ist; *die Situation, in der Vernunft und Körper bereits den gleichen Geschmack haben.*

An sich ist solcher Verschmelzungszustand nichts Neues. Kollektiv, als ‚Sitte' hatte er früher oft bestanden: Was sich ‚gehört' und was ‚gefällt', ist in jedem Sittensystem weitgehend in Dekkung. – Hier aber handelt es sich nicht um Menschen, die in einem Sittenganzen wurzeln, sondern um einzelne, die durch eigene ‚Leistung' dazu gekommen sind, ‚Fleisch' und ‚Geist' in Einklang zu halten.

Wie eine solche Verschmelzung von Moral und Sinnlichkeit (wie bei Kr.'s) zustande kommt, ist schwer zu erraten; aber wahrscheinlich *blendet Vertrauen über in Vertraulichkeit*; Zuverlässigkeit und Pathoslosigkeit werden für sie ‚attraktiv'. Absichtlich wähle ich dieses Sinnlichkeitswort, denn daß die genannten Tugenden nun auch körperliche Anziehung und körperlichen Reiz ausüben, das ist eben der springende Punkt.

Am Abend geschah etwas, was, als Probe aufs Exempel, die Sache deutlicher macht. Es erwies sich nämlich, daß für Kr. das moralisch Unattraktive eben auch seine erotische Anziehungskraft verloren hatte. – Unter den Gästen waren zwei sehr schön geratene Frauen: eine offensichtlich ein Vorkriegs-Typus, ein wenig femme fatale; und eine junge Gesunde, offenbar erst hier, nach der Katastrophe, aufgeblüht. Beide haben vermutlich von dem, was ich den ‚Vertrag' nenne, niemals läuten hören. Der ersten stand das Private als große Vergangenheit ins Gesicht geschrieben, der anderen steht eine große Vergangenheit bevor. Beide bemühten sich um Kr. Seine Frau nahm davon noch nicht einmal Notiz. Er aber behandelte die beiden, bei aller Höflichkeit, wie leicht komische und etwas verächtliche Stücke aus einem ethnologischen Museum. Das Wort ‚verächtlich' ist hier wichtig. Denn, außer für Perverse, ist das Wesen, das man verachtet, als Liebesobjekt uninteressant; wenn nicht sogar abstoßend. Begierde ist Bejahung des Begehrten; Verachtung dessen Verneinung. Er war also nicht im mindesten durch sie ‚gereizt', auch nicht im geringsten, konsequenzenlosen, gesellschaftlichen Sinne des Wortes. Und das nicht etwa deshalb nicht, weil seine sinnliche Reizbarkeit sich abgestumpft hätte; davon kann keine Rede sein; sondern weil diese nun moralisch ‚eingebaut', weil sie wählerisch geworden ist.

New York 1948

14. Januar

Habe Kr. unterdessen wiederholt gesehen. Bin doch etwas zweifelhaft geworden. Ein ausgeprägter Typ ist er doch nicht. Weder ist er ein wirklicher Asket noch ein wirklicher Genießer. Daß er weder den einen noch den anderen Typ rein darstellt, ist freilich seine Schuld nicht. – Im Augenblick, da die christliche Verneinung der Welt selbst verneint ist, muß sich auch der Sinn von Askese verwischen und der Asket seine eindeutige Physiognomie verlieren. Ebenso muß aber auch der Typ des Genießers unüberzeugend werden, wenn ihm die Welt nicht mehr als ein Bilderbuch begegnet, sondern als ein sehr ernstes Aufgabenbuch. Wer heute ‚für eine Sache' lebt, ist un-weltlich, aber unweltlich, ohne irgend etwas Überweltliches zu meinen. In solcher Situation ein ‚reiner Typ' zu werden, ist eben unmöglich.

19. Januar

Meine Generation: Ob Artikulierte oder Plumpe – keiner leistet sich mehr die Finesse des Unglücks; keiner den Luxus der Selbst-Dramatisierung; und keiner jene Vorratskammern von Schwierigkeiten, die unsere Voreltern ständig vollzuhalten pflegten mit wirklichen (oder nur möglichen) aufs Eis gelegten ‚Erlebnissen'.

‚*Erlebnisse*' – bloße Racheaktionen gegen Langeweile scheinen sie heute in unseren Augen. Und *wir* können über Langeweile nicht klagen. Die Welt hält uns in Atem. Um ‚zu uns' zu kommen – beinahe wäre es dafür wichtiger, endlich einmal wieder die Chance für etwas Langeweile zu gewinnen, als für ‚Erlebnisse'. Nein, Erlebnisse suchen wir zu vermeiden. Schon das Wort klingt uns verdächtig. In einer Vokabelgeschichte könnte man bereits ein Kreuz hinter ihm machen. Das *Leben* reicht. Sowohl durch das, was es gibt, wie durch das, was es nicht gibt; von dem, was es aufgibt, zu schweigen.

Natürlich geschehen Dinge, die man früher ‚Erlebnisse' nannte, auch heute. Aber kommen auch unglückliche Ehen vor, scheiternde Verhältnisse oder Fälle von Untreue, ganz gleich wie viele, immer bleiben sie nur ‚empirische Einzelfälle'. Untreue als *Thema* oder gar der mögliche oder wirkliche Ehebruch des anderen als unentbehrliches Salz des gesellschaftlichen Lebens, des Gesprächs, der Spannung (wie es zwischen 1800 und 1930 gang und gäbe gewesen war), das ist uns bereits unbekannt. Und wir verstehen nicht mehr recht, wie solche Geschehnisse, Beichten, Gerüchte als Genußmittel (in Roman und Theater) angeboten oder konsumiert werden konnten. Gesehen mit den Augen der vorigen Generation, sind wir abenteuerlich uninteressiert am anderen. Die Auswahl dessen, was wir erfahren wollen, ist rein ‚pragmatisch'. Mehr als das zu wissen, was wir wissen müssen, um vielleicht helfen zu können oder um uns fernzuhalten, scheint uns nicht nur passive Indiskretion, sondern zugemutetes seelisches Gepäck. – Was aber ihr eigenes Leben angeht, so sind die Besten meiner Generation sensationell philiströs, treu und mundfaul.

Aber – und das ist wohl das geschichtlich Neue daran – sie sind philiströs ohne Vorurteile und treu ohne Tabu-Angst; was auch ich wahrscheinlich nicht begreifen würde, wenn ich der Generation nicht selber zugehörte.

24. Januar

Gestern Einladung zu L.s fünfzigstem Geburtstag. Sechs Paare. Alle nahezu gleichen Alters. Die Männer um die Fünfzig; die Frauen um die Vierzig. – Alles war bereits gut in Gang und in bester Laune, als hochrot Mrs. D. in der Türe stand, ihr Zuspätkommen mit ihren vier Kindern entschuldigte, übersprudelnd einen Unfug nach dem anderen zum besten gab und einen ganzen Sack voll Allotria über uns ausschüttete. –

Um den Tisch wurde es totenstill.

Erst einmal sprudelte sie weiter. Aber nach einer Weile begann Mrs. D. die Windstille zu spüren. Und nachdem sie in ein fragendes Ritardando übergegangen war, brach sie mitten im Satz ab. „Ist hier im Hause jemand krank oder was?"

„Nichts dergleichen", versicherte L. höflich. Es sei ungeheuer unterhaltend.

„Honestly?"

„Honestly".

*

Nur stockend kam ein neues Gespräch in Gang. Über etwas ganz anderes. Auf Englisch, aus Rücksicht auf Mrs. D. Aber unsere Liebesmüh war vergeblich, die englische Unterhaltung bestritten ausschließlich *wir.* Halb mißtrauisch, halb erschreckt blickte sie sich währenddessen im Kreise um, schwankend, ob man ihr etwas verschwieg oder ob sie ahnungslos einen faux pas begangen hatte. Und wahrscheinlich stieg in ihr, der Freundlichen, Hilfsbereiten, Vorurteilsfreien, so etwas auf wie Ressentiment gegen ‚those queer refugees'. Noch ehe sie ihre Torte berührt hatte, war sie verschwunden.

Die aber zurückblieben und nur langsam wieder in Gang kamen, waren sechs kinderlose Ehepaare. –

*

Aufklärung des Zwischenfalls. Die sechs Paare waren zwar durchweg gebildete Leute, aber doch insofern in einem engen Sinne ‚gebildet', als sie 1933 unfähig gewesen waren, ihre Flucht als (winzigen) Bruchteil eines weltgeschichtlichen Ereignisses aufzufassen; sie verstanden sie vielmehr als katastrophenhaften Zwangs-Umzug. Gekränktheit war ihre einzige Stellungnahme zur Weltlage; und grundsätzlich hat sich darin nichts bei ihnen verändert.

Mindestens während der ersten Emigrationsjahre, vor der Ankunft in Amerika, in den verschiedenen europäischen Ländern, hatten sie aus der Hand in den Mund gelebt; zumeist aus *ihrer*

Hand in *seinen* Mund. Lebenskonstanten hatten sie nicht mehr gekannt; wie man in vierzehn Tagen sein Essen bezahlen würde, war stets ungewiß gewesen; ebenso ungewiß, ob man im nächsten Monat noch das Recht haben würde, sich ‚aufzuhalten'; ebenso ungewiß, wo man in einem halben Jahre leben würde; und schließlich ebenso ungewiß, ob man in einem Jahr überhaupt noch dasein würde. Natürliche Folge: Alle waren – und alle programmwidrig – *kinderlos* geblieben. In den zehn, fünfzehn Jahren, die folgten, ist dieser Zustand zum ‚Normalzustand' geworden; er wird von niemandem erwähnt; ebensowenig wie etwa von den Insassen einer Taubstummenanstalt ihre Taubstummheit erwähnt wird. Aber zuweilen kann es eben vorkommen, daß jemand ahnungslos die zugedeckte Stelle aufdeckt. Und das hatte Mrs. D. eben getan. – Die Folgen des unnatürlichen Zustandes: Trotz jahrelanger, täglich neuer Sorgen, sind sowohl Männer wie Frauen ‚jünger' geblieben, als Gleichaltrige früherer Generationen; aber ‚jünger' in einem trügerischen Sinne; im Sinne von ‚weniger erwachsen'. Denn Erwachsenheit, erst einmal beim Manne, ist weder nur ein biologischer Zustand, noch das, was wir in Universitätsseminaren (wieviel Äonen ist das her?) bei der Analyse von Erziehungsromanen das ‚Stadium geistig-sittlicher Entwicklung' zu nennen liebten. ‚Erwachsenheit' ist vielmehr ein gesellschaftlicher Status. Wozu zum Beispiel Vater-sein gehört. Erwachsen ist *der* Mensch, der mit seiner bestimmten Rolle innerhalb einer bestimmten Gesellschaft rechnen darf; der daraufhin bestimmte Dispositionen treffen kann; und mit dessen bestimmter Funktion auch die Gesellschaft rechnet. Kurz: *Erwachsenheit ist gesellschaftliche Identität.* –

Um diese Identität sind diese sechs also betrogen worden. Obwohl zum Bersten gefüllt mit Erfahrungen – von Dingen, die keiner ihrer Väter oder Großväter auch nur geahnt hatte – sind sie nicht eigentlich ‚Männer'; sondern überanstrengt aussehende Jünglinge, Knaben mit Charakterköpfen. Daß viele wie Künstler des vorigen Jahrhunderts wirken, ist kein Zufall: Denn auch die hatten sich eben, als Außenseiter, um das Erwachsenwerden betrogen. Selbst der Langweiligste von ihnen trägt markante Züge ... was nur die Gedankenlosigkeit beweist, mit der die Geschichte ihre Egge durch alle Gesichter zieht. –

Drei von den sechsen arbeiten noch heute (oder: weil sich nichts bisher bewährt hat: schon wieder) ‚für' einen Beruf. ‚*Für*' einen, nicht ‚*in*' einem Beruf. Noch immer sind sie also dabei, sich für das Leben *vorzubereiten*; was nicht weniger peinlich wirkt, als wenn sie erst jetzt begännen, ihre Pubertätssymptome zu entwickeln. Fünf Jahrzehnte Ouvertüre, ein Jahrzehnt Oper. – In einem Alter, in dem unsere Väter und Großväter sich in Sicherheit befanden, mindestens auf der Höhe ihrer Kraft standen oder bereits (gleich, ob gern oder ungern) dem Alter entgegenlebten, blicken die Drei also noch ‚vorwärts'. Hierzulande, wo man das Sterben unterschlägt, und wo, wie die Buchtitel beteuern, ‚life at seventy' beginnt, mag dieses ‚Vorwärts' zwar als fesch gelten. Aber Männern, die alt zu werden verstanden, hätte der Anblick die Kehle zugeschnürt.

25. Januar

Wenn einer erst am Nachmittag aufbrechen darf, bei sinkender Sonne aufsteigt und nur Wanderer trifft, die, behängt mit Büscheln von Gipfelblumen, bereits bergab rennen und die, statt zu grüßen, nur rufend fragen, wie weit es noch hinunter zur Hütte sei, und die Antwort noch nicht einmal abwarten – nein, wer unter solchen Umständen steigen muß, viel Mut kann der nicht aufbringen. Wenn er oben ankommt, wird der Gipfel verhängt sein und der Blick in die Täler ebenfalls – *wenn* er überhaupt ankommt. Die Nacht wieder unten in der Hütte verbringen zu dürfen – so viele Illusionen macht sich wohl keiner.

26. Januar

Mehr noch als auf die Männer trifft der Ausdruck ‚falsche Jugend' auf die Frauen zu. Bei ihnen, den leichter Veränderbaren, wirkt sie noch peinlicher: wie kosmetisch hergestellte Kunstjugend. Einen sonderbaren Zwischentypus stellen sie dar: Daß sie mit alten Jungfern nichts gemein haben, ist zwar klar. (Die wären neben ihnen eindeutige Typen.) Aber mit Müttern eben auch nichts. Nicht nur um Kinder sind sie betrogen, sondern um ihren natürlichen Habitus der Mütterlichkeit; die Chance, als das zu leben, als was zu leben jeder Frau zukommt; ‚zukommt' sowohl im Sinne von ‚gebührt' wie von ‚ziemt'. Also sind sie täglich älter werdende ‚junge Frauen'; wie sie mit sechzig aussehen werden, das sich vorzustellen vermeidet man. Daß zwei der sechs, obwohl für den Typ durchaus nicht angelegt, ins Blaustrümpfige hineingeglitten sind, ist ihre Schuld nicht; aber leugnen kann man es auch nicht. – Eine aber wirkt bereits sonderbar: Ihrem Habitus und Interesse nach ist sie eigentlich ausschließlich Familienmensch, aber Familie ist eben nicht da: ihre Eltern sind vergast; Kinder sind nicht gekommen; und ihr Mann ist weder väterlich noch kindlich genug, das Fehlende zu ersetzen. So gehen ihre liebenden Impulse einfach ins Leere; ihre Gesten ähneln den Bewegungen jener unausstehlichen Tänzerinnen, die ‚Tragen' tanzen, ohne etwas in der Hand zu halten, oder ohne Seil uns einreden wollen, daß sie ‚schleppen'. Daß die furchtbare Diskrepanz zwischen Anlage und Wirklichkeit, zwischen Nachfrage und Angebot so wenige dieser Frauen im psychiatrischen Sinne krank gemacht hat, ist wirklich ein Wunder. –

Trotz allem: Was Erfahrung und Weltweite dieser Frauen anlangt, so übertrifft sie die ihrer Mütter und Großmütter um ein schlechthin Unendliches; um eine Größe, neben der der Vorsprung der Männer vor ihren Vätern und Großvätern uninteressant wirkt. In gewissem Sinne haben diese Frauen während der Emigration mehr Erfahrungen gemacht und mehr Einblicke gewonnen als die Männer: Wie viele von ihnen haben in Emigrationsländern, in denen die Männer der Arbeitserlaubnis nachjagten, als wäre die Erlaubnis bereits eine Lebensstellung, doch noch schwarz arbeiten dürfen: als Sekretärinnen, Kinderfräuleins oder Scheuerfrauen; und so Länder, Milieus, modos vivendi und die tausend Nuancen der Demütigung kennengelernt – während die Männer mit den ehrenden Worten: „Aber ich bitte Sie, Ihnen kann man doch so etwas nicht anbieten" vor die Türe gesetzt und dazu verurteilt wurden, sich als legitime Gigolos ihrer Frauen den Luxus schriftstellerischer oder anderer Misere zu leisten. Zwischen den Paragraphen ihrer für niemanden geschriebenen Bücher lauschten sie dann, ob die Hotelwirtin ausgegangen war; war sie es, so standen sie heimlich auf, um hinter dem Waschtisch auf dem Spirituskocher Spaghetti zu kochen. Da die Frau ‚hinaus' mußte ins ‚feindliche Leben', verstand es sich, wirtschaftlich sowohl wie moralisch, daß die Männer die Hausfrauen der möblierten Hoteldachstuben wurden. Aber bekömmlich für das Verhältnis von Mann und Frau ist das gewiß nicht gewesen.

*

Da stehen sie also, die sechs Paare: ergraute junge Paare. Die schiefe Verteilung der wirtschaftlichen Lasten hat sich zwar mit den Jahren ausgeglichen. Aber die, nie beabsichtigte, Kinderlosigkeit hat sie in eine Zweisamkeit hineingezwungen, die in diesem Alter (in dem normale Paare bereits ihre Kinder in die Welt hinausschicken) völlig unüblich ist. Kein Wunder also, daß bei einigen von ihnen das Verhältnis der Geschlechter untereinander, also das Liebesproblem, noch immer als *Problem* eine Rolle spielt; also wiederum in einem Alter, in dem sich das einfach nicht schickt und in dem für frühere Generationen das Problem längst im Guten oder im Bösen erledigt war. Selbst wo Gewöhnung oder gemeinsame Arbeit die gegenseitige Unentbehrlichkeit längst bewiesen hat, fehlt es eben an der Familie, die früher die Ehe post festum immer fester zementiert hatte. –

Manchen Zärtlichen und Erfinderischen mag es zwar gelungen sein, mehr füreinander zu sein, als Mann und Frau früher einander gewesen waren oder hätten sein müssen: einander das Kind zu ersetzen oder die Kinder; das drei- oder vierrollige Familienstück in zweistimmiger Besetzung aufzuführen und einander (wie im „Wilhelm Meister") mindestens den *Schein* dessen zu schenken, was man miteinander versäumt hatte. Aber wie viele gibt es schon, die aus moralischen Gründen verspielt sein können; die ihre Phantasien mobilisieren können, um zu trösten; und die sich zu verkleiden verstehen aus Liebe und aus Rücksichtnahme?

Nein, für die meisten dieses Alters war die rein duale Beziehung etwas zu Schwieriges; und für die Beilegung dieser Schwierigkeiten fehlte es an Vorbildern. Immer wieder glaubten sie zwar, die Schwierigkeiten endgültig begraben zu haben; in Wirklichkeit aber lagen sie so flach verscharrt, daß jeder Windstoß sie wieder freilegen konnte.

*

Von der übersprudelnden Mrs. D. zu erwarten, das alles zu durchschauen, wäre natürlich unsinnig. Aber daß sie sich plötzlich beengt gefühlt hat, als wäre sie unter Gespenstern, das scheint mir plausibel. Ist es ein Wunder, daß sie sich so überstürzt zurückzog zu ihren vier Göhren?

13. Februar

Hörte bei G. gestern von einer Achtzehnjährigen, Emigrantentochter, die einen Mann liebt und zu heiraten wünscht. Ihre Eltern, sozusagen Aufgeklärteste orthodoxester Färbung, stemmen sich gegen ihren Plan einer ‚zu frühen Verbürgerlichung'. Der Vater, trostlos über die Vergeblichkeit seiner Argumente, hat seiner Tochter sogar nahegelegt, mit dem Mann, statt ihn zu heiraten, ein Verhältnis einzugehen. Es fehlt nur noch, daß er sein Kind in einen Einführungskursus ‚Revolte gegen die Eltern-Generation' schickt. Mißtrauen macht die Häuslichkeit unerträglich. Aber, wie gesagt, *nicht etwa heimlicher Liebe verdächtigen sie ihr Kind, sondern eben offener Philistrosität.* Der Vater benimmt sich, als verschleudere seine Tochter sein Kapital: Als habe er, der seinerzeit im Schweiße seines Angesichts die Tabus seines Elternhauses gebrochen hatte, alle diese Arbeit ganz umsonst geleistet; als setze nun das Mädchen ihre Arbeit am Stickrahmen dort fort, wo ihre Großtanten sie vor fünfzig Jahren unabgeschlossen hatten liegen lassen.

Dieses krasse Beispiel gehört freilich schon zum Bilde der

nächsten Generation. So weit wie diese Achtzehnjährige sind wir von den Problemen des neunzehnten Jahrhunderts und von denen um Neunzehnhundert noch nicht entfernt. Daß wir, etwa wenn wir in einem Strindberg-Stück sitzen, die dort behandelten Versuchungen, Quälereien und Entfremdungen und die Rebellion dagegen nicht mehr erkennten, wäre übertrieben. Mindestens heute verstehen wir sie noch, wenn wir dabei auch Blicke austauschen, als wollten wir sagen: „Um so tierisch ernst zu sein, dazu sind die Verhältnisse, dazu sind wir selber offenbar ein bißchen – zu ernst geworden."

März

Seit gestern in der Unterwelt. Sieben Fässer und Kisten erschienen plötzlich in meinem möblierten Zimmer, drei Riesen, zwei von ihnen Farbige, schleppten und rollten sie zu mir hinauf und krachten die Stücke auf den Fußboden. Zuerst versuchte ich, die Annahme zu verweigern. Nicht nur deshalb, weil ich in der Enge unserer Dachzimmer absolut keinen Platz habe für diese Monster, sondern auch deshalb, weil ich es für ausgeschlossen hielt, daß diese für mich gemeint sein könnten – womit ich auch gar nicht so unrecht hatte; nur daß es einen rechtmäßigeren Adressaten als mich auch nicht geben könnte, da ich schließlich der Sohn derer bin, die, nun längst schon tot, diese Stücke vor vielen Jahren, noch vor dem Kriege, aus ihrer damaligen Heimat Hamburg an sich selbst, an die künftige, heute auch längst schon vergessene Emigrationsadresse in Durham North Carolina abgeschickt hatten, um ihre Vergangenheit und Vorvergangenheit bei sich zu behalten. Daß sie sich an den Inhalt jemals herantrauen würden, nahmen sie dabei vermutlich nicht an, das haben sie wohl, wenn überhaupt jemals, seit Jahrzehnten nicht getan, und wahrscheinlich wußten sie auch gar nicht mehr so genau, was sich da alles in diesen Fässern befand (nämlich nicht etwa nur ihre eigenen Jugend- und Liebes- und Brautbriefe, sondern auch Tagebücher und Korrespondenzen und Geburtsscheine und Gesundheitsatteste und Todesdokumente und Brillen und Schlüssel ihrer längst verstorbenen Eltern, sogar ihrer von ihnen selbst wohl kaum mehr erinnerten Tanten, Onkel und Großeltern – Totenpost, Totenpost); was sie wußten oder ahnten war wohl eigentlich nur, daß es eben ihre Vergangenheit war, und hätte man sie damals in Hamburg in den hektischen Tagen der Auswanderungsvorbereitung, als sie die Fässer versandfähig machten, gefragt, wozu sie diese denn mitzunehmen vorhätten und was sie denn in der Fremde mit diesen anzufangen sich vorstellten, da hätten sie wohl, weil Pietät auf Wozu-Fragen nur selten eine Antwort weiß, kaum eine vernünftige Auskunft geben können. Aber Dinge fortzuwerfen, das ist eben noch schwieriger als diese sinnloserweise weiter zu haben, und das wird wohl die letzte Ursache für deren Ankunft bei mir gewesen sein – wobei ich wieder bei den drei Kerlen bin, die sie sechs Stockwerke hoch zu mir heraufgedonnert hatten, und die mich höhnisch abwiesen, als ich (übrigens optima fide, denn ich hatte nicht die mindeste Ahnung von der Existenz dieser Stücke) versuchte, deren Annahme zu verweigern. Sogar zu zahlen hatte ich, ein halbes Monatseinkommen, irgendwelche Speichergebühren, und da sie wie angewurzelt und höchst bedrohlich zwischen den Stücken stehenblieben, sogar noch ein gewaltiges Trinkgeld. Und erst als ich diese ungeheuere Totenspende geleistet hatte, zogen sie endlich wieder ab. Wenn ich zur Tür will, muß ich mich zwischen den Stücken hindurchwinden. Völlig erobert haben sie mein Reich.

Die Stücke waren gepflastert mit Etiketts, die bewiesen, daß sie seit Jahren von Schiff zu Schiff, von Hafen zu Hafen, von Lagerhaus zu Lagerhaus geworfen worden waren. Die ursprünglichen Etiketts fand ich erst nach längerem Herumsuchen: sie waren in der Handschrift der Eltern, manche in Mutters fliegender, manche in Vaters zaghaft stehender. Wie und auf Grund welchen Instinkts sie schließlich mich aufgespürt hatten, das ist mir völlig unbegreiflich, aber da standen sie nun und stellten ihre Forderungen.

Als ich das erste Faß öffnete, stürzten mir die seit vielen Jahren durcheinandergeschüttelten Generationen chaotisch entgegen und schienen es für selbstverständlich zu halten, daß ich und nur ich, und jetzt und nur jetzt, und hier und nur hier, mich ihrer als ihr Testamentsvollstrecker annehmen würde. Jedes Stück verlangte von mir, als dagewesen noch einmal bestätigt zu werden, mindestens ein einziges Mal noch, ehe es sein zweites, nun endgültiges Sterben würde anzutreten haben. Ich habe den Stücken den Gefallen erwiesen. Zeitlich geordnet habe ich jedenfalls alles: ihre Briefe, ihre Schulzensuren, ihre Kinderbilder, ihre Tagebücher. Warum? Wenn ich das nur wüßte! Aber nun kenne ich die beiden Toten besser als sie selbst sich und einander bei Lebzeiten je gekannt hatten.

4. März

Aber nicht nur sie. Eine ganze Kiste enthielt nichts als Briefe an meine Großmutter. Alle von ihren Freundinnen, alle aus den achtziger Jahren. Ich habe den jungen Frauen über die Schulter geblickt und mitgelesen, was sie vor siebzig Jahren, und noch nicht einmal für die Augen ihrer Liebhaber, geschrieben haben. –

Heute morgen mußte ich die Fenster aufreißen. Die verglühende europäische Vergangenheit überheizt das amerikanische Mietshaus bis zu mir, bis unter das Dach. Während sie unten in Asche zusammenfällt, will ich versuchen, mindestens in ein paar Formeln zu retten, was vor siebzig Jahren ihre Qualen gewesen waren.

Alle Briefe handeln von Liebe. Alle stammen von verheirateten Frauen. Alle von Frauen, die ‚betrogen' zu sein behaupten. Alle von Frauen, die ihre Liebe ‚Erlösung' nennen. Betrogen wodurch? Erlösung wovon?

Betrogen nicht von ihrem Manne. Das zwar auch. Aber erst in zweiter Linie. Erst einmal: betrogen *durch* die Ehe. Und erlöst *von* der Ehe. Warum?

Weil keine einzige ihre Ehe selbst eingegangen war; weil sie alle, noch im Widerspruch mit den abstrakten Freiheitsidealen des Bürgertums, im Widerspruch mit den Klassikern, an denen sie gebildet waren, ohne eigene Leidenschaft, ohne eigene Wahl und ohne eigene Wahlchance, ohne eigenes Urteil und ohne Urteilschance, in die Ehe geworfen worden waren.

Diesem ‚Widerspruch' widersprechen sie nun; den ‚Betrug' betrügen sie: Einige von ihnen erschreckt jubelnd, es ‚gewagt' zu haben; die meisten nur in Protestworten. Aus den Nischen ihrer Seelen aber blickt schmerzensreich ihre Generationsheilige: Madame Bovary. –

5. März

Nein, Liebesbriefe waren es nicht, sondern nur Briefe *über* Liebe, nur Briefe an die Freundin. Aber das ‚Nur' ist irreführend.

Das folgende Bild ergibt sich aus den Briefen: Auch dem Liebhaber gegenüber muß man halb-stumm bleiben. Ihn an den Einzelheiten des Ehelebens teilnehmen zu lassen, ist ebenso ausgeschlossen, wie dem eigenen Mann mit den Details des Verhältnisses zu kommen. Auch er ist also nur ein Stück Leben, trotz der ‚Erlösung', die er angeblich bedeutet. Diese Erlöserrolle ist ganz fragwürdig: in den meisten Fällen nähert er sich der Frau offensichtlich nur deshalb, *weil* sie verheiratet ist. Was für sie die Qual ist: ihre Ehe, ist für ihn die Bedingung der Beziehung. Daß die verheiratete Frau, wenn sie die Ehe bricht, daran denkt, diese deshalb auch zu lösen, kommt kaum in Frage. Aus diesem Grunde bleibt der Geliebte für sie eben doch nur eine Unterbrechung, ein ‚Erlebnis' auf dem Grunde der weiterbestehenden Ehe. Darum existiert er oft auch im Plural. Denn daß er nur vorübergehend bleibe, ist die Bedingung, die er stellt, gleich ob er das ausspricht oder nicht. Noch ehe er gewonnen ist, ist er eigentlich auch schon verspielt. Wie verzweifelt die Geliebte auch versuchen mag, das Erlebnis zu ‚strecken' – zum Leben wird auch das längste Erlebnis nicht, selbst nicht das lebenslängliche.

Im Vergleich mit dieser Figur ist die Freundin für die Freundin wirklich ein Stück Leben. Entscheidend: zu ihr kann man über beide sprechen, über den Mann und über den Liebhaber. Nein, über mehr. Denn das Ganze des Lebens ist eben mehr als die Summe ‚Mann plus Liebhaber'. Es ist die ‚Spannung' des Doppellebens, die man bei der Freundin loswerden kann. Mehr als Mann und Liebhaber gehört daher die Freundin zum ganzen Leben, mindestens als dessen Spiegel oder Echowand. Und ‚gespannt' wartet die Freundin auf die neuen Spannungen im Leben der anderen. Gierig lebt sie in den Schwierigkeiten der anderen. Und oft ersetzen ihr die vielen Geheimnisse ihrer vielen Freundinnen die Welt. –

Wirkliche Entspannung, wirkliche Hilfe kann freilich auch die Freundin nicht liefern. Aber etwas derart Wirkliches erwartet auch keine von der anderen. Jede ist für die andere nur Aussprache-Chance, die Solidarisierung und Zärtlichkeit bleibt Solidarität des Klatsches. Gleichviel, selbst heute wirkt die Heimlichkeit des Doppellebens, die aus diesen Briefen herausflüstert, noch lähmend, und auch ich, der fremde Enkel, der ich nach siebzig Jahren den Toten über die Schulter blicke – mehr als die Hälfte der Briefpakete zu lesen, habe auch ich nicht fertigbringen können.

6. März

Habe seit langem den Verdacht, daß, was in der Literatur *‚spannend'* heißt, diese ihre Qualität dem *Tabu* verdankt. Daher die entscheidende Rolle des Verbrechers in der Tragödie. Die Inzest-Angst spannt den Zuschauer des „Oedipus". Spannung setzt deshalb ein, weil die beängstigende Möglichkeit eines Tabubruchs am Horizont auftaucht. Wenn das einem Drama zugrundeliegende Tabu seinen Schrecken eingebüßt hat und wenn es nicht mehr begriffen wird, dann wird das Drama unspannend. In Amerika, wo soziale Klassendifferenzen nicht annähernd mehr so deutlich und so wirksam sind wie in dem mit Feudalismusresten noch übersäten Europa, ist z. B. Strindbergs „Fräulein Julie" bereits fades, unspannendes Theater. „Why the hell shouldn't she get married to that guy?" Ist denn ein Diener (wo gibt es überhaupt so was?) ein Wesen anderer Ordnung?

Dieser Zusammenhang zwischen Tabu und Spannung wurde mir beim Lesen der Briefe wieder ganz lebendig. Denn die Briefe sind alle entsetzlich ‚spannend' – wie überhaupt *Liebe* als so

‚spannend' galt, daß sie im vorigen Jahrhundert geradezu zu *dem Sujet des Theaters* hatte werden können. Warum? Weil Liebe und Ehebruch identifiziert wurden. Und weil jeder Zuschauer eben, trotz der mehr oder minder anerkannten Üblichkeit des Ehebruchs doch atemlos darauf wartete, ob das Tabu der Ehe nun wirklich verletzt werden würde oder doch nicht.

Aber noch aus anderen Gründen war die Liebe ‚spannend'. Deshalb nämlich, weil es zur Situation dieser Frauen gehörte, daß sie die Ehe zwar brechen, es sich aber nicht leisten konnten, diese abzubrechen, aus dieser auszubrechen oder diese zu zerbrechen; daß sie reputationsmäßig, also auch wirtschaftlich, nur dann weiterleben (im Falle der Schreiberin K. ihren Liebhaber nur dann weitererhalten) konnten, wenn sie auch die unerträgliche Ehe aufrechterhielten (die dann natürlich ‚gespannt' blieb). Das Risiko scheint in manchen der Briefe furchtbar groß, zuweilen geradezu entsetzenerregend. Kein Wunder, daß der Reputationsgewinn des Liebhabers so groß war, wenn sein Charme oder seine Suada so große Tabu-Angst zermürben konnte. In den meisten Briefen scheint die Aufrechterhaltung der unerträglichen Ehe als die Bedingung der Aufrechterhaltung der Affäre; und diesem demoralisierenden Interesse der Frau, beide Männer zugleich zu halten, leistete der Liebhaber durchaus Vorschub, da er (gleich, ob die recherche de la paternité amtlich untersagt war oder nicht) begreifliches Interesse hatte, mit dem geringsten Risiko zu arbeiten. –

So viel ist deutlich: Liebe war *weibliches Monopol*, mindestens galt sie den Frauen als ihr Monopol. Was für sie ‚Erlösung' war, Kopfsprung aus der Enge und der Scheinwelt hinein in die Wirklichkeit, war für die Männer ein Abenteuer unter anderen innerhalb der Welt. Auch diese Funktionsverschiedenheit erzeugte nun wieder eine Spannung; eine, die den Liebhaber ‚ennuiyierte', die Frau hysterisch machte, gleich, ob sie nun ihre, in Wirklichkeit immer unglückliche Beziehung ‚glücklich' oder ‚unglücklich' nannte. Natürlich war auch diese neue Spannung mitverantwortlich dafür, daß die Liebe im Leben und in der Literatur als ‚spannend' galt.

Deutlich ist ferner, daß zu ihrer Liebe weit mehr Heimlichkeit gehörte als Privatheit, denn Privatheit erfordert Chancen, die dem angstgehetzten, tiefverschleierten ‚Verhältnis' kaum je gegönnt waren, nämlich Zeit, Stille, gemeinsame Alltäglichkeit, gegenseitige Gewöhnung. – Da die Chance, beieinander zu sein (außer gerade für den beinahe ouvertüre- und finalelosen Akt) ganz gering waren, war der *Liebhaber* eigentlich *stets abwesend*, das heißt: *die Liebe* verblieb auf ungesundeste Weise *im chronischen Zustand der Sehnsucht*; und damit wiederum in einer Spannung. Und diese Spannung konnte durch das eilige möblierte rendez-vous niemals wirklich entspannt werden, da diese Situation ja wiederum mit der Spannung der Heimlichkeit und mit der Angst des Entdecktwerdens und des Zuspätnachhausekommens verbunden war. In anderen Worten: die Geliebte führte kein mit ihrem Geliebten gemeinsames Privatleben. Vielmehr hatte sie ihre Liebe privat, entweder in nervöser Einsamkeit oder im indiskreten Austausch mit der, aus diesem Grunde erforderlichen, Freundin lebendig zu halten.

Da sie zum Privatleben mit dem Geliebten niemals Gelegenheit hatte und kaum die Chance fand, den Geliebten wirklich kennenzulernen, war sie *dazu verurteilt, die mesquine Heimlichkeit ihrer hastigen Freuden in ein tiefes ‚Geheimnis' umzumünzen,* in ein Geheimnis, von dem eigentlich sogar der Liebhaber selbst ausgeschlossen blieb. Wann hätte sich denn auch die Zeit gefunden, um ihm von diesem Geheimnis zu sprechen? Und wie hätte er es denn aufgenommen, wenn sie ihm in der chambre garnie von ihrer Liebe etwas erzählt hätte, statt ihm diese eilig seufzend zu beweisen? Was galt, war also: „wenn ich dich liebe, was geht's dich an?" Und meistens ließ er es sich wirklich nicht so tief angehen. Was da zwischen ihm und ihr vor sich ging, gleich ob Heimlichkeit oder Geheimnis, war schon deshalb für ihn nicht annähernd so erregend wie für sie, weil ja (ganz abgesehen davon, daß er kaum physische Risiken dabei einging) sein Anteil am Verkehr nicht als ehrlos, wenn nicht sogar in den Augen der Männerwelt als Ehrgewinn, eingestuft wurde; während ihr, wie gesagt viel riskanterer Anteil, wenn er bekannt geworden wäre, im Urteil der Mitwelt, wenn nicht sogar im Urteil des Liebhabers selbst, als Entehrung gegolten hätte; oder genauer: weil es *für ihn ein Ehrgewinn war, eine Frau von Rang in eine Situation zu bringen, die er selbst bei Frauen als ehrlos verurteilte.* Diese Umstände machten eigentlich jeden Liebhaber zum potentiellen Feind, Verräter oder Erpresser der Geliebten. Tatsächlich fürchteten zwei der Briefschreiberinnen ihre Geliebten mit der gleichen Angst wie ihre Männer; ihr Sprung aus dem Zwang der Ehe war der Sprung in einen zweiten Zwang. Dies ein weiterer Grund dafür, daß Liebe so ‚spannend' war und in der Literatur als so ‚spannend' galt. Was die Frau zu gewärtigen hatte, war nicht nur, vom Geliebten verlassen zu werden, ohne daß sie vor Mann oder Kindern hätte mit der Wimper zucken dürfen, sondern auch erpreßt zu werden. Nein, beneidenswert war solch ein Frauenleben nicht.

8. März

Das entscheidende an den Briefen der L.: daß der Treubruch Erlösungssinn für sie annahm: als ‚Durchbruch', ‚großes Erlebnis', ‚Mut zu sich selbst'. Das Wort ‚Erlösung' schillert fürchterlich: vor allem aber bedeutet es die Befreiung von Druck und Zwang und der Langeweile der bürgerlichen Einrichtung Ehe.

Da die L. sich also, ganz Rousseau-haft, von der ‚Künstlichkeit' der Institution ‚erlöste', war *Natur das Ziel der Erlösung.* Etwas Unchristlicheres ist kaum denkbar, da christliche Erlösung ja *von* der Natur erlöst. Zwei andere Fälle waren besonders erschreckend. Der erste, Luise M.: Ihr Geliebter scheint ganz beliebig gewesen zu sein, kaum mehr als ein Name, den sie ihrer seit langem schon gegenstandslos herumvagierenden Sehnsucht, um dieser endlich Wirklichkeit zu verschaffen, schließlich als fällige Erfüllung hinzugefügt hatte; und den sie wohl auch deshalb benötigte um, wie sie schreibt, ‚*es mir selbst zu beweisen*'. Womit sie wohl meinte: um es sich zu beweisen, daß sie lieben konnte, mindestens daß sie nicht frigide war. Das Geliebtwerden scheint dabei sehr viel weniger wichtig, vielleicht überhaupt nicht wichtig gewesen zu sein, denn deutlich ist aus ihrem Briefe Schadenfreude zu hören, Schadenfreude über die Beliebigkeit ihrer ‚Wahl', so als räche sie sich mit dieser zweiten Beliebigkeit für die erste, die ihrer Ehe, so als wische sie durch diese ihrem Manne etwas aus. –

Und Friderike R.: Offenbar die leidenschaftlichste, sie hat eine für damals ungewöhnlich selbstbewußte und energische Handschrift, die alle Männer, Ehemann wie Liebhaber, über einen einzigen Kamm schert, über alle im gleichen Ton der Verachtung, zumeist in einem durch Mitleid noch beleidigender gemachten Ton der Verachtung spricht. Zusammengefaßt würde ihr Urteil über ‚die Männer' (was wie ‚die Weiber' klingt) lauten: diese sind viel zu stupide, um lieben zu können. Und diese These wiederholt sich in den verschiedensten Varianten. Was sie aber nicht daran hindert (genausowenig wie verächtlich über ‚Weiber' redende Männer an ‚Weibern' etwa desinteressiert sind), von nichts anderem zu reden als von diesen Verachteten, diesen sogar Neid und Bewunderung entgegenzubringen, Bewunderung für diese eigentümlichen Tölpel, die uns niemals verstehen werden, auch gar nicht auf den Gedanken kommen werden, das zu versuchen, die sich draußen in einer anderen Welt herumtreiben, „Geld machen, wenn man nur begriffe, wie und woraus, aber daß sie diese gottähnliche Fähigkeit, die unsereins niemals haben wird, besitzen, und daß wir, wenn sie sie nicht besitzen würden, schon morgen unseren Köchinnen würden kündigen müssen, das ist ja unbestreitbar, nur eben Gefühle haben diese großartigen Kerle, diese Ärmsten, überhaupt nicht" – „diese Ärmsten" – womit sie, nach ihrem kurzen Abstecher in den ehrlichen Neid und in die ehrliche Bewunderung, sogar in die Bewunderung der Liebesunfähigkeit der Männer, glücklich wieder bei ihrer Verachtung angelangt ist, und ich sage ‚glücklich', denn die Verachtung, die sie für den von ihr bewunderten ‚Tölpel' (der ihre war offenbar ein Grundstücksmakler) hegt, ist ja zugleich Stolz auf ihr eigenes Liebesmonopol, darauf, nicht nur ihren Tölpel mehr zu lieben als er sie liebt, sondern ihn lieben zu können, während er gar nicht wisse, was das sei. Und dieser Stolz erfüllt sie in ihren Briefen an ihre, wohl mehr oder minder Ähnliches erlebende Freundin mit wildem Enthusiasmus. „Was heißt unglückliche Liebe?" ruft sie in einem ihrer Briefe aus, ob ehrlich oder unehrlich, läßt sich nicht mehr entscheiden, „wenn wir mehr als sie lieben, also mehr von unserer Liebe *haben*? *Sie* sind also die Unglücklichen, *sie* die Betrogenen, und Besseres verdienen sie auch nicht. Selbst das zu bemerken sind sie unfähig, sind sie zu sehr Männer!" –

Daß sich diese Frau von ihrem Manne befreit hat, daß sie, wenn auch nur ‚innerlich', von diesem getrennt lebt, geht aus einem dieser Briefe ganz deutlich hervor. Aber ihre Befreiungslust und ihre Freude am Betrügen ist nun, nachdem sie einmal Blut geleckt, offenbar so schrankenlos, daß sie auch ihren Liebhaber schon mitbetrügt. Zwar nicht im üblichen Sinne, aber gerade das scheint ihr Anlaß zu neuem Triumph. „Weißt du, daß ich auch ihn schon hintergehe?" fragt sie. „Mit wem? Nein, das errätst du nicht. Mit meiner Leidenschaft für ihn. Denn er bedeutet mir tausendmal mehr, als was er wirklich *ist*, und was er in Wahrheit taugt. Seitdem ich mir dessen bewußt bin, kann mir nichts mehr passieren. Versuch es doch auch einmal! Besser kannst du den Deinen auch nicht strafen!" –

Nein, leicht hatten sie es gewiß nicht, diese Frauen, die von ‚uns Männern' (sofern nach sechzig Jahren diese Schuldsolidarität noch sinnvoll ist) damals ständig in zwei- und dreideutige Situationen gebracht worden sind. Und mit diesen Frauen umzugehen, das wird wohl auch nicht gerade sehr bequem gewesen sein. Kaum vorzustellen, wie sich eine solche Frau in Gegenwart ihres Liebhabers benommen haben mag. Im besten Falle wohl kapriziös. Aber enthielt nicht diese Kapriziösität bereits stets ein Gran von Hysterie in sich, war sie nicht die kultivierte, die graziöse Vorform der Hysterie, eine Vor-Hysterie, die noch gerade die Souveränität besaß, so zu tun, als wenn sie Hysterie nur spielte? – Gewöhnlich aber, fürchte ich, werden alle diese Frauen wohl, ohne das zu wissen, wirklich hysterisch gewesen sein. Und ‚wir Männer' waren wahrscheinlich überzeugt davon, daß Frauen eben von Natur aus so, nämlich hysterisch, seien, immer so gewesen seien und immer so sein würden. Wenn es uns mit Hilfe irgendeiner Jules Verneschen Zeitmaschine gelänge, uns in den Kreis dieser Frauen oder Damen von damals zu versetzen, was uns als Entdeckung frappieren würde, wäre nicht, daß wir zu Barbaren geworden sind; sondern wie gesund und vernünftig unsere heutigen Frauen geworden sind.

10. März

Habe vorhin, bis auf eine kleine Handvoll von Seiten, den Inhalt der Totenfässer vernichtet und fühle mich nun erbärmlich. Die aus ihren Gräbern ausgebrochen waren, sind nun zum zweiten Male gestorben. Wohl zum letzten Male, denn wer sollte ihrer nun noch gedenken? In keinem Buche des Lebens werden ihre Qualen aufgezeichnet werden. Und wenn ich soeben, im fremden Erdteil sitzend noch einmal versucht habe, sie zu Worte kommen zu lassen, so ist das wohl eigentlich für niemanden geschehen – beinahe hätte ich eben geschrieben: außer für die Toten selbst. So tief sitzt selbst mir, dem ungläubigsten Außenseiter, das Motiv des Totenopfers doch noch in den Knochen. Wenn ich sie also noch einmal durch meinen Mund habe sprechen lassen, so einfach deshalb, weil auch sie einmal dagewesen waren, und weil niemand es erträgt, auch ich nicht, daß das, was einmal dagewesen war, nun so ‚ist', als wenn es niemals gewesen wäre.

3. April

Traf den, seit langem hier in Amerika lebenden englischen Dichter C. A. – Eigentümlich, wie vorkriegshaft, vor-1914-haft der Mann wirkt. Zwar sind wir gleichaltrig; geschichtlich aber gehört er einem anderen Zeitalter an. Er hat eben niemals, wie die Deutschen, die *Chance einer Niederlage* gehabt: war nicht, wie unsereins, seit dreißig Jahren zur Revision aller geistigen Grundlagen gezwungen gewesen. Noch heute, im Atomzeitalter, klingen seine Proteste wie Schreie aus dem neunzehnten Jahrhundert; seine Revolutionen finden im Schlafzimmer statt, bleiben also, da sie sich auf etwas Spezielles, und zwar auf etwas rein Privates, beziehen, vollkommen harmlos. – Daß ich seinen und seiner Freunde Stolz auf Verletzung viktorianischer Sexualtabus nicht nur komisch fand, sondern langweilig, beleidigte ihn. Es erfüllt ihn mit grenzenloser Selbstbewunderung, daß er es wagt, körperliche Intimitäten bei Namen zu nennen oder öde zu beschreiben. Daß er normalen Verkehr hat, macht ihn in seinen Augen zum ‚Bolschewisten'; *wenn* er ihn hat: denn ich habe den Argwohn, es gewagt zu haben, erscheint ihm nun post festum wie eine freiwillige Heraufbeschwörung eines Jüngsten Gerichts, das nun zum Jahre Eins seiner Zeitrechnung und zum Inhalt seines Lebens geworden ist. Mehr seines Dichtens als seines Trachtens.

20. April

Las jüdische Geschichten aus der Bukowina: Kein einziges Ehepaar, das aus Liebe geheiratet hätte, höchstens heirateten manche trotz Liebe: Standen zwei füreinander Bestimmte im Verdacht, sich zu gern zu haben, so wurde ihre Eheschließung hintertrieben; denn Liebe hielt man für einen Gefahrenherd; und die Ehe nicht für die unproportionierte Folge eines Gefühls, sondern für eine Einrichtung.

Daß die zufällig Zusammengeketteten besonders unglücklich gewesen wären, ist keiner Geschichte zu entnehmen. Im Gegenteil: Die Ehen waren Liebesehen – *geworden*. Das schockiert unsere Vorurteile über Liebe. Ein paar Glossen zur Richtigstellung.

Die meisten Frauen verwechseln Geliebtwerden mit selber Lieben. Glücklicherweise. Fände diese Verwechslung nicht statt, es wäre schlechthin unwahrscheinlich, daß eine, von einem Manne A geliebte B ausgerechnet A wiederliebte. Natürlich ist der Ausdruck ‚Verwechseln' schief; denn es handelt sich ja hier weder um ‚Erkennen' noch um ‚Verkennen'; sondern um ‚Verwandlung'. Die Frau, die geliebt wird, ist eben durch die Bejahung, die das Geliebtwerden darstellt, tatsächlich verwandelt: in einem erhöhten oder aufgelösten oder freudigen Zustand; und der *ist* eben Liebe, wenn auch eben *Liebe auf den zweiten Blick.*

Völlig deutlich wird das im faire l'amour. Denn hier *entsteht* Liebe aus dem Geliebt-worden-sein: Liebe auf den letzten Blick. – Daß eine Frau, die einem Mann vorher nur unbestimmt zugetan gewesen, ihn post festum wirklich liebt, ist vollkommen in der Ordnung; und beleidigt ist nur der Anfänger, der argwöhnt, sie liebe ‚*es*', nicht *ihn*; und nun eifersüchtig wird auf seine eigene Liebesnacht. – Aber seine Unterscheidung ist eine subtile Albernheit. Die Frau denkt gar nicht daran, ihn nun aus ‚Erkenntlichkeit' zu lieben, aus Dank für die von ihm empfangene Freude. Mann und Freude in dieser Situation auseinanderzuhalten – diese Abstraktion wäre äußerste Obszönität, deren die Frau zumeist gar nicht fähig ist. Für sie ist ‚*es*' nun *er*, und *er* ‚*es*'. Denn Fakten bestimmen Gefühle genauso wie Gefühle Fakten.

Die javanische Legende von der überfallenen Menschenfrau, die ihren göttlichen Vergewaltiger zu sehen kaum Gelegenheit hatte, nun aber, ohne zu wissen, wie er aussieht, lebenslänglich die Erde nach ihm absucht, um ihm anzuhängen – nein, das ist keine grausam erfundene Fabel, sondern die wahrhaftige Beschreibung der Tatsache, daß das Wirkliche gilt.

27. April

In der deutschen „Hamlet"-Übersetzung kommt die deutsche Sprache nicht vor: Jedes Wort ist deutsch; keines ‚meint' deutsch. – In Liszt's Klavier-Arrangement des Berliozschen „Harold" kommt die Instrumentenfarbe ‚Klavier' nicht vor: Alles ist Klavier; kein Ton ‚meint' Klavier. – In der Rötelzeichnung kommt die Farbe ‚Rot' nicht vor: Alles ist rot; kein Strich ‚meint' Rot. –

Es gibt eine ganze Reihe von Schriftstellern, beruflichen Antipuritanern (wie C. A., den ich gestern wieder sah), die literarisch vom ‚épater le bourgeois' leben ... also davon, in ihren Gedichten oder Romanen Sexualtabus zu brechen – wobei sie natürlich auf die Stärke der Tabus rechnen, denn ohne Kollision mit diesen würden sie ja niemals ihre beabsichtigte Schock-Wirkung erzielen können; wer Türen einrennen will, braucht Türen. Mit dem wirklichen Zusammenbruch der Tabus wären sie erledigt. Um diese eitlen Berufs-Antipuritaner ad absurdum zu führen, wäre es verlockend, den Sexus einmal so zu verwenden, wie der Übersetzer seine Sprache, der musikalische Arrangeur das Klavier, der Rötelzeichner das Rot ... das heißt: einmal in einer Dichtung *alles* in die Farbe des Geschlechtlichen zu übersetzen, so daß nun alles zwar Geschlecht ‚wäre', aber nichts mehr Geschlecht ‚meinte': Das Indezente wäre durch diese Übertragung völlig ausgelöscht, ebenso ausgelöscht wie die Übersetzungssprache in der Übersetzung, die Klavierfarbe im Klavier-Arrangement, das Rot in der Rötelzeichnung.

Daß solche Übertragung möglich wäre, wird nur der Barbar leugnen, also derjenige, der das Sexuelle als eine völlig abgetrennte Provinz betrachtet. Für den Humanen aber wird es nichts Menschliches geben, das sich nicht auch in diese Sprache überführen ließe: Zartheit wie Frechheit, Klugheit wie Dummheit, Rücksicht wie Gewalt, Schwermut wie Leichtsinn, Einsamkeit wie Geborgenheit, Sterben wie Leben.

Leicht hätte es eine solche Dichtung freilich nicht. Daß der Puritaner sie mißverstehen und als schamlos verwerfen würde, ist klar. Aber der Anti-Puritaner würde vermutlich noch empörter reagieren, denn er wäre um seinen Beruf gebracht: wer professionell entblößt, den macht Nacktheit arbeitslos. Und wenn auch nur einer der vielen zwischen den Fronten des Puritanismus und des Antipuritanismus gewechselten Schüsse solch ein Buch verfehlen würde, wäre das reiner Zufall.

28. April

Es gibt eine solche Dichtung, die (obwohl geschrieben in Sexualsprache) doch so wenig Sexualität ‚meint' wie die deutsche Hamletübersetzung die deutsche Sprache meint; oder (da das Werk nicht gelungen ist) richtiger: Es gibt eine Dichtung, die solchem Motiv ihr Dasein verdankt: Schlegels „Lucinde". Denn was Schlegel in diesem notorischen Roman vorgehabt hatte, war nicht etwa die Emanzipierung des Indezenten gewesen, sondern umgekehrt dessen Abschaffung. Nach einundeinhalb Jahrhunderten teils argloser, teils ängstlicher, teils böswilliger Mißdeutungen (an denen keine Geringeren als Hegel und Dilthey teilnahmen) mag es abstrus klingen: Aber wenn Schlegel die Frau emanzipieren wollte, so eben gerade nicht die Frau als Geschlechtswesen, sondern die Frau trotz ihres Geschlechts. In gewissem Sinne war Schlegel der erste jener modernen Intellektuellen, die es rasend macht, neben ihrem Leben im Geist auch ein Geschlechtsleben zu führen (einfach ‚neben' und einfach ‚auch'). Also suchte er verzweifelt, einen Generalnenner zu finden für die zwei Stücke seines Doppellebens. Diesen Generalnenner fand er in der ‚geistigen Frau', in der Frau, die von der ‚Menschheit' (im kantischen Sinne) nicht ausgeschlossen war; die also, mindestens durch seine Hilfe, an der Vernunft und Philosophie teilnehmen konnte. Stillschweigend (bald lärmend genug) veränderte er durch diese Promotion der Frau zum Menschen auch die Beziehung des Mannes zur Frau, auch die körperliche. Auch sie ‚beförderte' er nun: Geschlechtsverkehr wurde ihm nun zur humanen, geistigen, ja religiösen Angelegenheit. („Wir umarmten einander mit ebensoviel Ausgelassenheit als Religion" ... und: „hoher Leichtsinn unserer Ehe".) Da er sie zur humanen, geistigen, religiösen Angelegenheit machte, konnte er über sie sprechen; da er über sie sprach, galt er als indiskret; da er indiskret war, mußte er als lüstern gelten: Denn Lüsternheit ist die Begierde, die sich coram publico keinen Zwang antut. –

Die Überschwenglichkeit des ‚Generalnenner-Zustandes', in dem er sich alles Geistige sexuell und alles Sexuelle geistig wünschte, war natürlich nicht durchzuhalten. Und aus diesem Scheitern entsprang *Witz*: Denn sein Witz war nichts anderes als der Kurzschluß, der eintrat, wenn er sich einredete, einer Idee zu Liebe das Fleisch zu preisen; oder wenn er umgekehrt, um seine Liebe zum Fleisch zu rechtfertigen, diese mit munteren philosophischen Reden begleitete.

Das ging bei ihm freilich so weit – und hier wird sein Buch wirklich unanständig –, daß er in der Liebessituation selbst die

‚Gemeinheit' des Sexus und die philosophische Allgemeinheit des Begriffs zusammenrührt, und aus nackten philosophischen Wahrheitsgründen genau dasjenige tat, was jede Liebe ruinieren muß. Wenn Julius (= Schlegel) der Lucinde enthusiastisch beteuert, er wisse nicht mehr, ob es „meine Liebe oder Deine" ist, nicht viel später aber bekennt: „Ich liebe nicht Dich allein, ich liebe die Weiblichkeit selbst" – so ist er ein zugleich überschwenglicher und pedantischer Grobian, dem jeder Mucker oder jeder einfach Schweigsame an erotischer Kultur überlegen ist. –

Mißlungen ist der Roman, weil Schlegel *bei dem Versuche, die Frau ‚zum Menschen' zu machen, den Mann weibisch gemacht hat, zu einem Wesen, das nun ausschließlich in und für die Liebe lebt* (so schon Ernestine im dritten der Schleiermacherschen „Vertrauten Briefe"):

weil seine Verachtung der Ehe als Institution in eine Apotheose der Indiskretion ausartet, statt in einen Rückzug in Privatheit;

weil er, ein Doktrinär der Sinnlichkeit, im Schweiße seines Angesichts sich anstrengte, aus der Nacktheit philosophische Wahrheiten zu destillieren; statt die nackte Wahrheit anzuerkennen, daß kein Mensch die Kluft zwischen Geist und Fleisch in ständigem Überschwang schließen kann;

weil er die beiden Ufer durch das kalte Feuerwerk des Witzes verband, statt mit etwas, das weder unmittelbar Geist ist noch Sinnlichkeit: nämlich Freundlichkeit und Humor ... wovon der Ärmste nicht das mindeste mitbekommen hatte.

Trotz alledem: *Gemeint* hatte er den Roman gewiß nicht als Schlüpfrigkeit; und wenn schon Schleiermacher behauptet, er sei geradezu ein Protest gegen die verspätete Rokoko-Schlüpfrigkeit à la Oberon, so hatte er gewiß recht. –

Daß solch ein Buch mißlingen müsse, ist durch das Mißlingen dieses bekanntesten Versuches nicht bewiesen. Um so weniger, als mir scheint, daß Goethe ein vollkommenes Muster einer solchen Dichtung geschaffen hat. Wenn er die fünfte seiner „Römischen Elegien" schließt:

Oftmals hab ich auch schon in ihren Armen gedichtet,
Und des Hexameters Maß leise mit fingernder Hand
Ihr auf den Rücken gezählt. Sie athmet in lieblichem Schlummer
und es durchglühet ihr Hauch mir bis ins Tiefste die Brust.
Amor schürte die Lamp' indes und denket der Zeiten,
da er den nämlichen Dienst seinen Triumvirn getan –

dann erhebt sich aus der Enge der intimsten Situation die ganze Welt; selbst die Gräber der Antike öffnen sich; und, um zu unserem ersten Bilde zurückzukehren: Die Rötelzeichnung, so rot sie auch ist, meint nicht mehr nur Rot, sondern alle Regenbogenfarben des Universums. –

29. April

Was die Schlegel und Schleiermacher als Revolutionäre der Liebe unter dem Entsetzen und dem Gelächter ihrer Zeit proklamiert hatten: Daß nämlich auch die Frau ein Mensch sei und als Mensch ‚Gleiches' beanspruchen dürfe – das neunzehnte Jahrhundert, das die beiden mit ihren Manifesten eingeleitet hatten, hat das in ungeahntem Maße zur Wirklichkeit gemacht ... in so ungeahntem Maße, daß uns heute die nun hundertfünfzig Jahre alten Proklamationen veraltet und komisch vorkommen. Aber diese Wirkung ist nur Zeugnis dafür, wie recht die beiden gehabt hatten: Was rasch wahr wird, dessen erste leidenschaftliche Formulierung wirkt auch rasch wie vorgestriges Pathos; und nur das Nichterreichte bleibt akut und modern.

Freilich hat die ‚Gleichberechtigung' eine sehr un-Schlegelsche Bedeutung angenommen. Bei Schlegel sind beide: Mann und Frau, darum gleich, weil sie beide – *nichts als Menschen* sind; von beiden beteuert er zwar, sie seien Künstler; aber da seit dem „Wilhelm Meister" der Künstler nicht als der in einen Beruf eingeengte Mensch gemeint war, sondern als die Verwirklichung und die äußerste Erweiterung des Menschen, ist ihr Beruf nur die Umschreibung ihrer Berufslosigkeit.

Es war genau das Negativ dieser Chance, das die Frau ‚gleich' gemacht hat: Der Unterschied zwischen den beiden Geschlechtern verengte sich, weil auch *sie* Berufsmensch werden mußte. War sie vorher rechtlos gewesen, so war sie doch immerhin miternährt worden. Nunmehr erwarb sie das männliche Recht, erwerben zu müssen: das Recht, ins ‚feindliche Leben hinaus' gehen zu müssen, um nicht zu verhungern; und das Recht (da sie durchweg schlechter bezahlt wurde als der Mann), ihren Brüdern unfaire Konkurrenz zu machen. Überspitzt formuliert hat ihr die *Gleichberechtigung nicht das gleiche Menschenrecht, sondern das gleiche Recht auf Verdinglichung* gebracht. Verglichen mit dieser Situation (die sie freilich in die ‚Welt' hinausführt) war sie früher vielleicht mehr ‚Mensch': denn die hundert Arbeiten in ihrer eigenen Welt sind gewöhnlich reicher, als die eine spezialisierte Fabrik- oder Büroarbeit in einer ihr fremden ‚Welt'.

Aber gleich, ob gleiches Menschenrecht oder gleiches Recht auf Verdinglichung, das Monopol des Mannes war dadurch gebrochen. Der Hochmut, den jeder Mann *als* Mann gehabt hatte, wenn er nach Hause kam, ist heute kaum mehr vorstellbar: Er war Herrscher, nicht Herr; und zwar nicht nur, weil er hinaus mußte ins feindliche Leben, sondern weil er *hinausdurfte*; und nun gewissermaßen mit der Weltbeute in der Spinnstube erschien. Vom Bauer galt das vielleicht weniger als vom Bürger, da bei ihm gemeinsames ‚Interesse' und Zusammenarbeit ‚draußen' viel selbstverständlicher war als in der Stadt. Die Trennung der Frau vom Beruf des Mannes ist wohl im großen Ganzen eine Stadterscheinung.

*

Diese Situation ist nun vorbei. In die Welt hinaus geht zwar auch der Mann nicht, sondern in die Fabrik oder ins Büro. Aber dieses Doppelleben führt nun auch die Frau, auch sie hat darauf nun ‚das gleiche Recht'. Aber wie abhängig auch ihre Arbeit sein mag, in neunzig Fällen von hundert arbeiten sie nun unabhängig voneinander. Das heißt: *Auch die Frau führt nun ein Doppelleben* (das sie nicht zum Leben kommen läßt); auch sie hat nun außer dem Zuhause eine Welt, in die der Mann nicht nur nicht hineinzuriechen hat, sondern in die er gar nicht hineinriechen kann oder möchte. – Die topographische Differenz der Eheleute, die sich früher durch den Unterschied: ‚sie drinnen, er draußen' so schön als Apriori hatte formulieren lassen, ist ersetzt worden durch: *beide draußen und beide drinnen.* Ich rede noch gar nicht von dem häufigen Vorkommnis, daß *sie* eine höhere Position einnimmt als *er*; oder daß sie, obwohl unselbständige, risikolose Angestellte, mehr oder sicherer verdient, als er beim Versuche selbständiger Arbeit; daß sie mehr nach Haus bringt; daß er früher nach Hause kommt, wo nun logischerweise die häuslichen Pflichten auf *ihn* warten – die völlige Gleichheit genügt schon, um aus der Beziehung der Geschlechter zueinander etwas vollkommen Neuartiges zu machen. Da sich aber nichts so langsam entwickelt wie die einer neuen Realität angemessenen Gefühle und Benehmensformen (viel langsamer als Ideologien), ist die heutige Situation eigentlich noch immer, emotional sowohl wie moralisch, vollkommen anarchisch.

3. Juni

Bei R.'s. – Die waren bisher ein sehr vergnügtes und zärtliches Paar gewesen, obwohl es wirtschaftlich stets mehr als bescheiden zuging. Nun geht es bergab. Die frühere Verspieltheit und Zärtlichkeit ist vorbei:

Vor vier Wochen ist er, wider alles Erwarten, nicht aufgerückt; sie aber hat, durch einen bösen Zufall, beinahe gleichzeitig vollständige wirtschaftliche Selbständigkeit erworben und verdient mehr als er selbst in der nicht erhaltenen Stellung hätte verdienen können. Alle Schritte und Entscheidungen hängen nun von ihr ab. (Auch wenn sie alles ‚durchsprechen': erbärmlicher Ersatz.)

Selbst Leute von R.'s Niveau sind also unfähig, ihr Liebesleben von solcher Machtverschiebung unberührt zu lassen. Wie kommt das?

Das Argument wird verdächtig reaktionär klingen: Die triviale These, daß wir Männer im ‚faire l'amour' die aktiven seien, die

Frauen aber die passiven, ist richtig, zu welchen Beweiszwecken Spießer sie auch verwenden mögen. Auch die aktivste weibliche Lockung ist keine Widerlegung: denn die Lockung will eben zur Aktivität verführen. – Nun scheint mir: In einer Gesellschaft, in der der Mann gesellschaftlich, macht- und rechtmäßig der Frau überlegen ist, erscheint der Liebesakt und dessen Verteilung von Aktivität und Passivität wie eine Bestätigung des außererotischen Machtverhältnisses der Geschlechter. Außerordentlich schwierig wird nun diese Beziehung, wenn diese ‚Bestätigung', diese Analogie gestört wird. Nunmehr widerspricht die Liebessituation der ‚Wirklichkeit'. Das Gefühl entsteht, daß, was man treibt, nicht ‚stimmt'. Aus dieser Nicht-Kongruenz entstehen bösartige Ressentiments; entweder versucht der Mann, sich für seine wirtschaftliche Unterlegenheit durch erotisch unmotivierte Übermännlichkeit oder durch künstliche Brutalität zu rächen; oder die Frau empfindet das ‚faire l'amour' als die einzige Situation, in der sie um ihre neuerworbene Machtposition betrogen wird: und sie haßt den ‚Betrüger'.

Eine gewisse Gehässigkeit ist bei R.'s bereits deutlich zu spüren. In der Küchenschürze kommt er ins Zimmer, um ihr zu zeigen, ‚wozu sie ihn zwingt'. Früher hätten sie über die Verkleidung zusammen gelacht; heute ist sie beiden zuwider.

Die oft gefragte Frage, ob eine Frau zugleich Frau und business-woman sein kann, beschränkt sich also nicht nur auf das Problem, ‚how to run your office and your home'; sie ist zugleich eine höchst gefährliche Sexualfrage.

6. Juli

Bei L.'s. – Dort K., den ich nach drei Jahren zum ersten Male wiedersah.

Das letzte Mal hatten wir K. im Metropolitan Museum getroffen, wo er sechsmal Anlauf nahm, um an uns heranzutreten ... bis ich ihn, um ihn zu erlösen, ansprach. Das hätte ich nicht tun sollen: Denn nach zwei Minuten, die er aus Angst vor einer Gesprächspause mit anakoluthen Glossen über die Bilder angefüllt hatte, hatte er sich plötzlich verabschiedet, um in einen anderen Saal Reißaus zu nehmen.

Da war er nun also wieder.

Zuerst erkannte ich ihn überhaupt nicht. Der etwas zu rosige Mann, der mir einen jovialen Rippenstoß versetzte, war ein Fremder. Bei längerem Hinsehen (denn er stellte sich nicht vor, und es schien sein Sport, alte Bekannte zu überraschen) nahm er immerhin eine gewisse Familienähnlichkeit an: Ich riet auf seinen robusteren und roheren Zwilling, der mir vor Jahren einmal vorgestellt worden war. – „Bruder ist gut!" rief K. schallend. – „Sondern?" – „Sein Nachfolger." –

Daß ich lange Zeit brauchte, um zu glauben, daß er ‚er' sei, schien er gleichfalls zu genießen. – „Und wie haben Sie sich so phantastisch erholt?" fragte ich. Nichts lag mir ferner als Indiskretion. – Auch dafür war er dankbar; wieder lachte er schallend: „Ja, kommen Sie denn aus dem Mustopf? In der Analyse natürlich!" – Ich entschuldigte mich, was er zum dritten Male mit Lachen quittierte. „Ganz im Gegenteil!" rief er gönnerisch. Und da er nun beruflich, nein, auf geradezu exhibitionistische Weise, gesund war, liebte er es, lang und breit über seine Behandlung zu sprechen, so als wäre sie eine interessante Moorkur. Die sinnlose Redensart „ganz im Gegenteil" hatte also einen gewissen Sinn.

Offensichtlich bildete er, und nicht nur rein akustisch, den Mittelpunkt der Gesellschaft. So wie Hysteriker mit Hilfe ihrer Krankheit ihre Mitmenschen konzentrisch um sich herumzwingen, so tat er es mit Hilfe seiner ungesunden Gesundheit. Ein negativer Hysteriker gewissermaßen. Ihn zu beobachten war, wenn auch auf eine peinliche Weise, faszinierend.

*

Ich entsinne mich, einmal den ‚Ritter' aus Dürers Stich „Ritter, Tod und Teufel" als bunte Vollplastik in einem Nürnberger Andenken-Laden gesehen zu haben. Die Figur schien auf eine läppische Art unerlaubt wirklich, unwahrscheinlich wirklich, kurz: *zu wirklich*. Genau so wirkte K.: Wie die unwahrscheinliche Übersetzung einer ehemals subtilen zwei-dimensionalen Figur ins Drei-Dimensionale. – Daß er sich in dieser seiner barbarischen Version wohl fühlte, habe ich schon gesagt.

Damals, vor Beginn seiner neuen Zeitrechnung, hatte er an einer, freilich niemals zu Ende geführten Arbeit über Watteau gesessen, in der er feinste Beobachtungen über die Rolle der vom Besucher abgewandten Figurinen und über ‚Verparkung' der Natur aufgezeichnet hatte. – „Wie geht's denn dem Watteau-Buche?" fragte ich also. – „Pah!" machte er. „Watteau! Dafür bin ich zu gesund!" – „Wie meinen Sie das?" – Er machte eine scharf fortschiebende Bewegung: „Mit Damals habe ich nichts mehr zu schaffen". – Ich hatte das Gefühl, daß er Bewegung und Satz schon viele Male verwendet hatte. – „Und finden Sie vielleicht", fuhr er fort, und er gab mir einen tiefen Blick „es spricht gerade für die Kunst, daß man sich nur so lange für sie interessiert, wie man nicht in Form ist?" –

Niemals war früher solch ein Sportausdruck über seine Lippen gekommen. – „Und Ihre Interpretation der abgewandten Figurinen? – Die wollen Sie einfach liegen lassen?" – „Menschenskind!" rief er, „Interpretation! Bei dem Wort kann man ja Heimweh kriegen." – „Sie lassen sie also liegen?" – „Die abgewandten Figuren? Sollen die liegen, wo sie liegen." Und dann, mit der ganzen Schamlosigkeit des Novicen: „Die zugewandten freilich weniger." – So sahen die vulgären Reste seiner ehemals wirklichen Witzigkeit aus. Außer ihm lachte niemand. Er aber spendierte sich generös Beifall. Und da er wohl meinte, daß sein Kalauer einen guten Abgang machen würde, sah er auf seine Uhr, sagte noch einmal: „A propos Zugewandte", lachte noch draußen und war verschwunden.

*

„Er ist nämlich unterdessen berühmt geworden", erklärte L., als die Gesellschaft sich verzogen hatte. „Er ist Dr. N.'s größter Erfolg. N.'s Praxis lebt geradezu von K.'s sensationeller Heilung." – Ich machte ein zweifelndes Gesicht. Frau N. aber traf den Nagel auf den Kopf. „Der N.“, sagte sie, „hat eben das Kind mit dem Komplex ausgeschüttet.“ – Wie gesagt, sie hatte vollkommen recht. Aber spaßhaft schien mir der Fall durchaus nicht. –

Daß K.'s neurotische Symptome verschwunden waren, das konnte auch der boshafteste Analyse-Feind nicht leugnen. Aber *mitverschwunden war eben sein früheres menschliches Niveau*; mitverschwunden waren alle Chancen, die seine Krankheit ihm ehemals verschafft hatte; alle Subtilitäten; alle Reserven; alle Indirektheiten; alle ‚Sublimierungen'. Der Gedanke ist übrigens alt. Wenn Raimund 1834 zu seinem Arzt sagte: „Es kunnt schon sein, daß Sie mi' herstöllerten von meiner Hypochondrie, oba vielleicht putzeten Sie mir auch alles mit heraus, wovon ich meine Komödien schreib“ – dann meinte er ganz dasselbe. Was ihm an Finesse und Bildung von seiner jahrelangen Beschäftigung mit bildender Kunst geblieben ist, benutzt er nun als Direktor eines, einem kalifornischen Warenhause angeschlossenen, kommerziellen Graphologie-Institutes. Programmatisch holt er dort nach, was er in seiner ersten Gestalt versäumt hat. Da Damen, die Schriftproben in ein Warenhaus bringen, um indiskrete Kenntnisse käuflich zu erwerben, nicht gerade zur erfreulichsten Klasse gehören; da sie zumeist neurotisch, elegant, halbgebildet, neugierig, also gierig sind, hat sich seine Stellung automatisch in eine Art von Sultanat mit kaleidoskopisch wechselndem Harem verwandelt. Dieser sein erotischer Kundinnenkreis zerstört nun vollends, was die Analyse noch heil gelassen hat.

*

Das Problem: Daß die Krankheitswurzel durch analytische Operation ausgeschält worden war, darüber besteht kein Zweifel. Aber es ist eben *die Frage, ob es immer möglich ist, nur die Wurzel zu entfernen.* Das gilt besonders für diejenigen Wurzeln, für die sich, mit Recht, die Analyse am Lebhaftesten interessiert: Nämlich für die, aus der frühesten Kindheit stammenden, die nun mit allen Stücken, die die Identität des Menschen ausmachen, aufs

Innigste verwachsen sind. – Wenn es dem Analytiker oft so unsäglich schwer ist, an eine seelische Wurzel heranzugelangen, so nicht nur deshalb, weil diese verdrängt wäre; sondern, weil eben der ganze Mensch, im Guten und im Bösen, von ihr mitgenährt und mitgeformt ist und sich mitgefährdet fühlt, wenn er spürt, daß jemand die Axt an die Wurzel legen will. In gewissem Sinne ist ja, so lange der Mensch weiterlebt, die Krankheit selbst ‚aufgehoben', das heißt: zu einem neuen Nullpunkt, zu einer Art ‚zweiter Gesundheit' gemacht ... eine Einsicht, die ja auch dem Analytiker nicht unvertraut ist, da er ja formuliert, daß der Hysteriker von seiner Krankheit ‚lebe'. Der Mensch hat sich also auf seine Krankheit eingerichtet; und er fürchtet, wenn er seine Krankheit verliert, auch seinen schönen Apothekerschrank, seinen Lebensrhythmus, seine Gewohnheiten, seinen Stil, kurz: sich selbst zu verlieren. – Es gibt also eine *Verteidigung der Krankheit, die mit Verdrängung gar nichts zu tun hat, sondern damit, daß man seine eigene Geschichte ist; und damit, daß diese Geschichte ohne die Krankheitswurzel nicht mehr denkbar ist.* So kann es geschehen, daß wenn die Wurzel gezogen wird, der ganze Mensch, der sich, um sie zu verteidigen, an sie gehängt hat, mit herausgezogen wird und nun nur die leere Hülle des Menschen übrigbleibt.

Kurz: *Operation gelungen, Identität tot.* – Diese Deutung trifft nun auf K. vollkommen zu. Wirklich war er nicht mehr ‚er selber'; und seine, an den Konversionsausdruck ‚homo novus' anklingende Behauptung, er sei nun ein ‚anderer' oder ein ‚neuer Mensch', ist viel wahrer, als er selbst ahnte: denn der ‚alte' ist vollkommen ausgerottet. Ob er noch ein ‚Mensch' ist – denn zum Menschen gehört die Geschichte, mit der er sich identifiziert – das ist eine andere Frage.

20. Juli

Sie gab mir einen tiefen Blick. –

Da philosophieren und psychologisieren wir nun seit zweieinhalb Jahrtausenden über ‚Wahrnehmung' ... aber was es bedeutet, daß einer einem anderen ‚tief in die Augen blicke', das hat nicht nur niemand beantwortet, sondern auch niemand gefragt. Und stellte einer die Frage, er würde als Anti-Empiriker, als unwissenschaftlicher Metaphysiker, verhöhnt werden. Hoch die Metapher!

Theoretiker, die als ,Tatsache' nur dasjenige anerkennen, was auf ihren Schulbegriff von Empirie zugeschnitten ist; und die sich zu gut dünken, eine von allen Menschen benützte, verstandene und verifizierbare Metapher auch nur zum Verhör zu bitten, haben alle Fühlung mit der Wirklichkeit verloren und alles Vertrauen auf ihre Mitmenschen. Schließlich entstehen ja solche Ausdrücke nicht durch kollektive Laune. –

Nein, bloße Laune ist der ,tiefe Blick' nicht. Nicht nur dem Dichter ist er selbstverständlich, jedem trivialsten Liebespaar steht er zur Verfügung. Nur dem Psychologen nicht. Und selbst *er*: Wenn er seiner Frau nach seiner Laboratoriumsarbeit in die Augen blickt (nicht ,ihre Augen ansieht' oder gar ,perzipiert'), meint er das wirklich bildlich? Oder wenn er, von einem solchen Blick heimgesucht, fortblickt, warum weicht er einer Metapher aus?

Möglich, daß manches an den bisherigen Wahrnehmungstheorien dadurch unbrauchbar wird, daß man die Metapher ernstnimmt. Das kommt davon, wenn man (wie es eben in fast allen Theorien geschah) als Modell des Wahrnehmungsgegenstandes ,Farben' oder ,Töne' oder (grundsätzlich um nichts besser) ,Gestalten' wählt: also ,Objekte', die man aus dem eigentlichen Verkehr, in dem der Mensch mit der Welt und mit den anderen Menschen steht, erst einmal herausgerissen hat. Unser Wahrnehmen und unser Wahrgenommenwerden sind getragen von anderen, grundlegenderen Beziehungen, die Nähe und Ferne verschiedensten Intimitätsgrades stiften; von Beziehungen, bei denen wir uns mehr oder minder *,tief'* auf andere *,einlassen'*, bei denen andere sich auf uns *,einlassen'*, bei denen wir andere mehr oder minder tief oder gar nicht zu uns *,hereinlassen'*. Auch ,einlassen' und ,sich-einlassen' sind nicht Metaphern, sondern Schlüsselworte, die Vorgänge aller Art, vom Moralischen bis zum Geschlechtlichen, anzeigen. – Daß die Sinne, die zum Verkehr mit der Welt gehören, an dieser Grundleistung: Herstellung tieferer oder flacherer Intimität, teilnehmen, ist nur natürlich. –

Man wird sich wohl dazu entschließen müssen, *die Augen nicht nur als ‚Fenster', durch die man hinausblickt, anzuerkennen, sondern auch als ‚Fenster', die den Blicken der anderen offenstehen.* Diese zweite (passive) Leistung ist von der Psychologie ausgelassen worden. (Von der Kunst freilich nicht. Denn dort gibt es Augen, die nicht Blick-Augen sind, sondern gewissermaßen ‚Brunnen-Augen'; auch der leichte Silberblick, den Quattrocento-Maler Frauen zu geben liebten, ist kein zielender Blick, sondern viel eher ein ‚Durchblick', der dem blickenden Auge des Beschauers freisteht. Daß er ‚sinnlich' wirkt, ist ganz plausibel: denn er ist eben äußerst passiv, eine Vorform der Hingabe.)

23. Juli

Kam wieder durch den Zoo. – Je geringer die Möglichkeit, mit einem Wesen zu kommunizieren, desto ‚flacher' und ‚oberflächlicher' wird auch der Blick. Auch ‚Oberflächlichkeit' ist ein rechtmäßiger Ausdruck, keine bloße Metapher. –

Fasanen. Fische. – Nein, denen kann man nicht ‚ins Auge blikken'. Und Blickfühlung nicht erreichen. Fraglich, ob die überhaupt ‚blicken', entgegenblicken, da ihre Augen so seitlich stehen, wie uns die Ohren. – Mit dem Gibbon glückte der Blick-Kontakt: Redete mir jedenfalls ein, daß mir die Indiskretion durch die Wände der Spezies hindurch gelang. – Je entfernter die Spezies, desto unzugänglicher.

Wirklich gelingt das ‚Eindringen' oder ‚Sich-Einlassen' nur zwischen Menschen; und zwar in Liebe oder Haß, also wenn die Kommunikation des Blicks getragen ist von einer anderen Beziehung, die ‚breiter' und ‚grundsätzlicher' ist, als die rein sensorische. Unbezweifelbar ist ‚tiefer Blick' in den intimen Situationen, mindestens während des Vorspiels und des Nachspiels. – Daß es Situationen gibt, in denen die Augen der Partner zugleich ‚Blick' und ‚Brunnen' sind (Blicke, die ‚ineinandertauchen'), ist überraschend nur dann, wenn man die Bewegung und die ‚Tiefe' des Tauchens physikalisch mißversteht. Die Gleichzeitigkeit und Gegenseitigkeit von Aktivität und Passivität im ‚blickend Angeblicktwerden' ist eben ein Abbild des mehr als optischen Zusammenseins, ein wirkliches co-ire.

Es gibt eine Nähe, mit der der ‚tiefe Blick' nicht mehr in Wettbewerb treten kann, oder richtiger: in der sich Wahrnehmung als Kommunikation erübrigt. Daß einem dann ‚Hören und Sehen vergeht', ist wiederum mehr als eine Metapher.

24. Juli

Daß dem Reiche der Töne *zwei* Organe und *zwei* Leistungen zugeordnet sind: Mund und Ohr, Verlautbaren und Hören; dem Optischen aber nur *ein* Organ: das Auge; *eine* Leistung: das Sehen (weil man ohnehin sichtbar ist, was immer dieses ‚ohnehin' bedeute) – das klingt zwar wie eine Binsenwahrheit; warum das aber so ist, und was diese Tatsache für die Weltbeziehung der Lebewesen, besonders des Menschen bedeute, das hat kein Philosoph untersucht. – Mir scheint, das Auge füllt, mindestens zuweilen, die Doppelfunktion aus: Sprechen und Vernehmen. Daß man vom ‚sprechenden' Ausdruck des Auges spricht, kann ja wiederum keine beliebige Metapher sein. Dem Ohre einen solchen ‚sprechenden' Ausdruck nachzusagen, auf diesen Gedanken würde jedenfalls niemand kommen.

25. Juli

Solange wir die Wahrnehmungsanalyse nicht einbauen in eine allgemeine Theorie der Kommunikation (und Abwehr), in einen allgemeinen Rahmen, der ebenso den Sexus wie das Sehen, den Ekel wie das ‚Absehen von . . .' zu umfassen hätte, solange werden wir von den Sinnen nur Oberflächliches, Unwichtiges oder Unsinn wissen. Als letzte Objekte – als solche, mit denen keine andere als die bloß wahrnehmende Kommunikation möglich ist, könnten dann auch die bisherigen ‚Wahrnehmungsdata' behandelt werden: Farben und Töne und Gerüche. Aber eben nur als letzte. –

Dies die unbeabsichtigten erkenntnistheoretischen Folgen ihres unverantwortlich ‚tiefen Blickes': sie wußte nicht, was sie da anrichtete.

17. Oktober

Sie weigerte sich, Gummischuhe mitzunehmen. –

Schon in frühester Jugend fiel mir an den alten Freundinnen meiner Großmutter eine Geschlechtseigentümlichkeit auf, neben der alle anderen verblaßten. Immer, wenn diese Eigentümlichkeit, oder richtiger: dieser Mangel, den ich *defektes Konditional-Verständnis* nennen will, zum Vorschein kam, verlor ich meine Fassung. Denn *nichts ist schwerer nachzuvollziehen, als anderer Leute Nicht-Verständnis*; und die Begriffsstutzigkeit der anderen ist die Verständnis-Grenze des etwas Gescheiteren.

‚Defektes Konditional-Verständnis' bedeutet: Wenn-Sätze nicht verstehen können.

Nun kann ich mich keines einzigen Mannes aus der großväterlichen Generation entsinnen, für den es schwierig gewesen wäre, das Wörtchen *‚wenn'* aufzufassen. Dagegen gab es eine ganze Reihe von, zuweilen zu bedrohlichen Tantengruppen zusammengerotteten, alten Frauen, die gegen Konditionalsätze Front machten. Der Satz: „Wenn es abends regnen sollte", ausgesprochen an einem strahlenden Nachmittag, machte sie nicht nur begriffsstutzig, sondern schien sie zu kränken, ja, brachte sie in Verteidigungsstellung: nicht so sehr gegen den Regen, als gegen das ‚Wenn' oder gegen denjenigen, der ‚Wenn' gesagt hatte; als hätte der sich etwas herausgenommen oder ihnen etwas zugemutet. Und das war auch wirklich der Fall. Denn *das ‚Wenn' mutete ihnen die Freiheit zu, sich loszueisen von dem, was war, also zu abstrahieren;* und ihre Abstraktionsfähigkeit war eben gelähmt.

Diese Abstraktions-Unfähigkeit war viel mehr als einfach mangelnde Intelligenz. Vielmehr hatte sie ihre Wurzel in einer Lebenssituation: Darin, daß diese Frauen nie mehr selbst abwägten und entschieden . . . oder vielleicht niemals selbst abgewägt oder entschieden hatten; sie war das *Ergebnis der Verbindung von Unselbständigkeit und Rentnerleben*. Wer (wie es ihre Männer natürlich taten) plant, Möglichkeiten vergleicht, Chancen ergreift, Risikos eingeht, Mittel für Zwecke verwendet, der lebt ständig im ‚Wenn', der steht mit Möglichkeit und Wahrscheinlichkeit auf vertrautem Fuße. *Je restloser aber ein Menschenleben durch andere geregelt ist, je hermetischer es durch die anderen gegen Unvorhergesehenes abgedichtet ist, desto rascher verkümmert das ‚Wenn'.*

Das Verhältnis des Konditionalis zur Freiheit ist freilich ganz zweideutig: Einerseits ist ‚Wenn' sagen können identisch mit Freiheit: eine größere Freiheit als das skeptische ‚Wenn' am Eingangstor des Descarteschen Unternehmens („Wenn Himmel, Luft, Erde, Farben, Töne und alles, was ich außer mir wahrnehme, von einem bösen Dämon erzeugte Trugbilder wären – was bliebe?"), eine größere Freiheit hat es wohl nie gegeben. – Aber andererseits ist es auch gerade der Unfreie, der in ‚Wenns' und zuweilen *nur* in ‚Wenns' lebt: weil die Entscheidungen, von denen er abhängt, unvorhersehbar bleiben, weil Sicherheit über das Morgen in gar keinem Sinne existiert, weder als Gewißheit noch als Sekurität.

Von diesen beiden Wenn-Situationen waren nun diese Frauen gleich weit entfernt. Sie waren unfrei, mindestens unselbständig: also vom ‚Wenn' des Abwägens und Entscheidens ausgeschlossen; aber sie lebten andererseits sicher und regelmäßig in einer als stabil und stationär vorausgesetzten Welt: waren also dem unvoraussehbaren ‚Wenn' des Schicksals nicht ausgeliefert. Die zwei Bedingungen für ein Dasein ohne Konditionalsätze waren erfüllt.

Wenn freilich ein solches Dasein einen winzigen Riß bekam, war die Reaktion dieser Frauen sofort panisch. Die Ritze schien ihnen eine Bresche, durch die sich die ganze Außenwelt wie eine Flutwelle in ihr zuvor abgedichtetes Leben ergoß. Die ‚Wenns' und ‚Vielleichts' sahen sie nun als Wirklichkeiten; und die Konjunktive umflatterten sie wie dunkle Schwärme von tödlichen Indikativen. In solchen Augenblicken starb Großmutter gleichzeitig hundert Tode.

3. November

Ist nicht *die Ehe der schlechthin wider-philosophische Stand?* Wenn es den Philosophen schon martert, unverschuldet ausgerechnet ‚er' zu sein, lebenslänglich gerade zu sich selbst verurteilt zu sein und dazu, in „bestimmten" (also zufälligen) „Verhältnissen" zu leben (dies, in Hölderlins Worten, das Selbstmordmotiv des Empedokles) – muß ihm dann nicht die Zumutung, seine erste Kontingenz durch Verkettung mit einer zweiten mutwillig noch beliebiger zu machen, wie Verrat am Grundsätzlichen, ja, wie Mord am ‚Allgemeinen' vorkommen? *Schmählicheres als die Liebe kann ihm eigentlich nicht widerfahren.* Denn der Liebe gelingt es eben, durch schwer kontrollierbaren Betrug, einem Assignaten das Aussehen von Gold, einem zufälligen und aposteriorischen Wesen den Schein eines ‚Apriori' zu verleihen, aus der Ferienbekanntschaft einen Akt der Vorsehung, aus ‚Irgendeiner' die Bedingung des eigenen Lebens zu machen. – Nun ist aber eine ‚Bedingung der Möglichkeit', die statt in einem Prinzip in einer Frau besteht, für den Philosophen eine Schmach; keiner Handlung schämt er sich brennender, als der, sich ein Bildnis zu machen, ein ‚irgendetwas' als Allgemeines zu nehmen, einem Zufälligen anheimzufallen, als wäre es ein Notwendiges, also ohne einen bestimmten anderen Menschen nicht mehr leben zu können. Diese Schmach, in der Liebe vorbereitet, wird in der Ehe zur Einrichtung... bis das Kind die endgültige Niederlage des Grundsätzlichen in die Welt hinausplärrt. Denn das Kind, die pausbackige Apotheose des Wirklichen, schert sich nicht um die Unterscheidung zwischen ‚zufällig' und ‚notwendig'; Kontingenz-Ängsten lacht es ins Gesicht. Es *ist.* – Ob es vom Krämer stammt oder vom Philosophen, ist ihm gleich. Was es vom Vater mitbekommt, ist dessen beiläufiges Gesicht oder dessen Senkfuß. Bestimmt nicht dessen melancholia metaphysica. Denn die ist keine Erbkrankheit.

Gäbe es einen Strindbergschen Einakter ‚Der Philosoph' – so sähe dessen Problematik aus.

17. Dezember

Nicht sehr ermutigend, daß sich *die philosophischen Bilder vom Menschen fast immer als Bilder vom philosophischen Menschen* herausstellen. Das gilt deutlich von dem Menschenbild, das die Existenzphilosophie (und auch vor zwanzig Jahren meine „Pathologie de la Liberté") entworfen hat. Die Nicht-Identifizierung des Menschen mit sich selbst oder das ‚Gerade-man-selbst-sein', dessen man sich schämt – diese Züge mögen zwar nur dem Menschen möglich sein: aber wo steht, daß, was nur ihm möglich ist, ihn auch ‚wesentlich' bestimmt? Wenig Dinge haben der europäischen Philosophie mehr geschadet, als die immer wieder als selbstverständlich vorausgesetzte Identität von ‚differentia specifica' und ‚Wesen'.

17. Dezember

Am Hudson beobachtete ich eine Sechzehn- oder Siebzehnjährige. Roter Sweater, schwarze enge Hosen, fliegende Haare, gegen den Neuschnee. Sie schritt rasch aus, nicht nur weil es schneidend kalt war, sondern um sich den Sonntagsspaziergängern gleichzeitig zu zeigen und zu entziehen.

Identischer kann kein Mensch mit sich selbst sein. Aber sie war, die sie war, nicht nur auf die blöde Art wie die meisten (denn die meisten wollen gar nichts anderes sein, können gar nichts anderes sein wollen, als sie selber). Sie war auch nicht etwa ‚ausgesöhnt' damit, gerade sie selbst zu sein (denn das hätte ja eine ursprüngliche Differenz vorausgesetzt). Ebensowenig hatte sie, heideggerisch gesprochen, aus ihrer ‚Geworfenheit' einen eigenen ‚Entwurf' gemacht. (Das hätte Trotz erfordert.) Jede dieser Deutungen wäre albern.

Was erst einmal als Haltung in die Augen fiel, war: daß sie sich trug, als wäre sie ein Orden; daß sie ihre Haare flattern ließ, als wollte sie sagen: „Bitte, was ich da gemacht habe"; daß sie ihre Brüste spazieren führte, als wären sie Argumente, nicht Körperteile. Selbst daß sie sich mit dem, was sie mitbekommen hatte, *vergnügt identifiziert* hätte, wäre noch falsch beschrieben: selbst das würde noch eine ursprüngliche Nicht-Identität voraussetzen. – Zwei lange high-school-boys, zweifellos von ihr als Schmuckstücke angeschafft, gingen neben ihr ... nein, sie ‚gingen' nicht, und nicht ‚neben' ihr, sondern sie flogen dahin als ihre Ehren-Eskorte; und ihre Haltung bewies: Sie erkannten an, daß das so herrlich ausgerüstete Mädchen Anrecht darauf hatte, anders behandelt zu werden, als andere, *weil es war, wie es war*. Den Zufall respektierten sie als Legitimierung. –

Niemals wäre das Mädchen auf den Gedanken gekommen, daß sie einen Leib ‚habe': Auch der Begriff solchen ‚Habens' würde bereits stillschweigend die Unterscheidung bedeuten zwischen dem, was man ‚*eigentlich ist*', und dem, was zufällig, beiläufig, aposteriorisch ‚*an einem ist*'. Die Unterscheidung hätte sie nicht begriffen. „Bin ich's denn nicht?" hätte sie zurückgefragt. Sie hatte keine Mitgift, sie war ihre eigene Mitgift. Und wenn sie ‚Selbstbewußtsein' hatte – und was ist Eitelkeit anderes als auf Lockreiz gegründetes Selbstbewußtsein? – so bezog es sich gerade auf das, wovon wir sagen würden, daß ‚sie selbst' – gar nichts dafür konnte.

19. Dezember

Private Aufführung zweier Bartók-Quartette bei B.'s. – Dort Exemplare zweier ganz verschiedener schöner Tierarten: ein Rudel von Ungarinnen, Polinnen und Tschechinnen; andererseits eine Anzahl von ‚native'-Mädchen aus New-England. Mißtrauisch streiften die artfremden Tiere aneinander vorbei; und nur ganz äußerlich ergab sich so etwas wie *eine* Gesellschaft.

Die Magyarinnen und Slavinnen durchweg ‚apart'. – ‚Durchweg apart' klingt natürlich widerspruchsvoll, da man sich von dem Nullpunkt, von dem aus man die Abweichung: das ‚A-part'-sein, mißt, keine positive Vorstellung machen kann. Aber das Wort ‚Apartheit' bezeichnet eben nicht nur Abstand, sondern eine positive Qualität; und zwar den ästhetischen Reiz des Vieldeutigen und Geheimnisvollen: ‚Apart' ist zumeist das Gekreuzte, das Halbblütige, das zugleich auf *Fremdheit und Anima-*

lität, auf *Finesse und Barbarei* Anspielende; zum Beispiel die elegante Künstlerin mit den bäurischen Backenknochen. (Immer Frauen: Der aparte Mann scheint eo ipso weibisch.) – Aber diese Legierung von Fremdheit, Finesse und Animalität, deren unberechenbares Mischungsverhältnis auf ähnliche Weise sexuell beunruhigt wie die zugleich anbietende und abweisende Koketterie, ist mit ästhetischen Kategorien allein nicht aufklärbar; nur mit geschichtlichen und gesellschaftlichen. – Beispiel des ‚aparten Mädchens' ist etwa die vom Kreuzritter erbeutete Sklavin; da sie eine aus Genußgründen mitgebrachte Fremde ist, *verbindet sie Sexus und Distanz*. Sie steht zwar zur Verfügung ... aber sie entgleitet grundsätzlich, bleibt unnahbar, da ihre (nicht so sehr in Worten, als in Gesten) dauernd lebendigen Hinweise (das ‚Anspielende') auf Kultur und Vergangenheit, der sie entrissen worden ist, undechiffrierbar sind. Aber gerade diese Undechiffrierbarkeit gibt ihr einen ungeheuren Sexualvorsprung vor den Töchtern des Landes, in das sie verschleppt ist. Denn nichts lockt den Trieb so unwiderstehlich, wie das Fremde (selbst Ehe beruht ja auf Exogamie); und nur das Fremde, die Fremde, gibt dem Mann die Chance, wirklich ‚Eroberung' und ‚Überwältigung' zu genießen. Kommt noch hinzu, daß die Erbeutete vermutlich sozial höher stand als ihr Besitzer (die Anspielung auf ‚Prinzessin' gehört zum Aparten), dann sind Distanz, Reiz und Überwältigungslust um ein Weiteres gesteigert. – Dieser Reizvorsprung und die Tatsache, daß sie, obwohl Eigentum des Eroberers, diesem letztlich doch entgleitet, ihm unerreichbar, unverständlich und unberechenbar bleibt, macht sie grundsätzlich *stolz*. Dieser Stolz gehört zum Aparten ebenso wie die Melancholie, für die sich die Erklärung erübrigt. Unberechenbarkeit (= caprice), Stolz und Melancholie gelten als Reize. –

Beispiel aus unserem Zeitalter: Die heruntergekommene oder heimatlos gewordene Adlige, die sich, um weiterzuleben (denn einen bürgerlichen Beruf hat sie nicht gelernt und zu verkaufen hat sie nichts als ihren Schmuck und sich als Schmuck), in der Bohême herumtreibt; oder die sich von einem ‚Gemeinen' aushalten läßt. Diesem wird sie nun zum Beweisstück seines Aufstiegs. Sie spielt eine ähnliche Rolle wie das, jetzt im bürgerlichen Privatbesitz, ursprünglich im Schloß hängende Ahnengemälde. Ihr Sexualwert ist besonders hoch, weil sie zu lieben, jedesmal einer Demütigung der ehemaligen Herrschaft gleichkommt. Zu solchem ‚Liebesverhältnis' gehört also so etwas wie gegenseitige Verachtung der Partner: Denn auch sie verachtet natürlich Welt und Mann, auf die sie sich hat einlassen müssen. Freilich gilt in den Augen dieser Welt und dieses Mannes ihre *Verachtung als ein zusätzlicher Zug ihrer Schönheit*: ‚Abweisung', ‚Hochmut', ja ‚Finsterkeit' – sie alle sind im Gesicht der Aparten willkommen. Der Masochismus ihrer Preisgabe ist konkurrenzlos, weil sie jedesmal wähnt, sich aus jener Höhe herabzuwerfen, aus der sie ohnehin längst schon gestürzt ist. Zugleich aber – und das ist nur scheinbar ein Widerspruch – läßt sie sich vollkommen gehen und wirft sich fort; da sie ohnehin verloren ist, kommt es ja auf nichts mehr an. – Dieses Bild ist ein Porträt: und zwar das der Frau, die sich in tausendfacher Auflage zu Beginn der Zwanziger Jahre in Berliner und Pariser Kabaretten herumtrieb und darauf anspielte, Tochter, Nichte oder Enkelin des Zaren zu sein. Ihr Typ und ihre Behauptung, gestürzt zu sein, waren so erfolgreich, daß nun Straßenmädchen aus Pankow oder Belleville sich auf primitivste Weise zu verfremden versuchten, im Schweiße ihres geschminkten Angesichts gebrochen deutsch oder französisch sprachen und, *um die Chance zu haben, heraufzukommen, vorgaben, aus ähnlicher Höhe heruntergekommen zu sein.*

*

Aber diese Ableitung ist nur teilweise zutreffend. Oder ganz zutreffend nur für einen Teil der Apartheit. – ‚Anspielung' gehört zwar grundsätzlich dazu. Aber es muß nicht das sozial Tiefere sein, das auf etwas Höheres anspielt; es kann auch umgekehrt das Höhere sein, das einen Fingerzeig auf Tieferes enthält. Schon das erste Beispiel: die Elegante mit den bäurischen Backenknochen, wies in diese Richtung. Allerdings handelt es sich auch hier wieder um den ästhetischen Reiz der Zweideutigkeit; auch hier um das Schillern zwischen Nobilität und Gemeinheit; und auch hier ist die Reizquelle wiederum nur geschichtlich und gesellschaftlich aufklärbar.

Daß wir den Typus der aparten Frau mit jenen Gegenden verbinden, in denen Feudalismus seine letzten Triumphe gefeiert hat, also etwa mit Polen oder Ungarn, ist vermutlich kein Zufall.

Der feudale Ehrenkodex schloß es natürlich aus, daß sich die Lust des Adligen innerhalb des Adels selbst auslebte. Also war der Adlige auf *Klassenfremdes* angewiesen. Jenseits des Bürgertums stehend, griff er gewissermaßen über dieses hinüber in diejenigen Schichten, die sich diesseits der Bourgeoisie befanden. Zum Beispiel auf die Zigeuner. Vor allem aber natürlich auf die Landbevölkerung ... was für den Landadel, mit seinen patriarchalischen und Leibeigenschaftserinnerungen, ganz natürlich, ja ‚moralisch' war. ‚Moralisch': Denn eine Behandlung von ‚etwas', das einem ‚gehört', kann ja nicht ‚ungehörig' sein. Diese Verknüpfung der Worte ‚gehören' und ‚es gehört sich' ist nicht als Wortspiel gemeint. Auch die latinisierenden Sprachen leiten ja ihre Vokabeln für ‚Eigentum' und ‚Ziemlichkeit' von dem gleichen Wortstamm ‚proper' ab.

Der in seinem Lebensstil sonst Verfeinerte schöpfte also aus dem Frauen-Reservoir der Bauernschaft (die oft nicht nur klassenmäßig, sondern auch ethnisch fremd war – man denke etwa an das Verhältnis von Landadel und ‚Eingeborenen' im Baltikum). Natürlich lieferte dieses Reservoir von Untertanen einen Typ des absolut zur Verfügung stehenden Mädchens ... *des Mädchens, das sich geehrt fühlte, von oben entehrt zu werden,* und das vor der gesellschaftlichen Höhe des Mannes in Angst und Ehrfurcht erzitterte: Wirkungen, die dem Geschmack fast jedes Verführers schmeicheln. – Andererseits verzichtete der Adlige natürlich nicht völlig auf die Finesse und den Geschmack, den seine Klasse ihm mitgegeben hatte: Er legierte Luxus mit Rustikalem (was er ja auch als Jäger gern tat) und behängte das Mädchen mit Kostbarkeiten, bis es zwischen Gänsemädchen und Prinzessin erregend hin- und herschillerte. Aber es ist klar, daß sie sich, ehe sie noch wußte, was ihr geschehen war, bereits gerächt hatte: Denn der *Geschmack* des Adels war nunmehr durch die Süße dieser klassenmäßig schillernden Beziehung geprägt. Der Geschmack der Mädchen natürlich ebenfalls. Hatte sie Erfolg, dann geriet sie nun in die, letztlich vom ‚Weltmann' hergestellte, Welt zwischen den Welten, in die Welt, die ‚à part' war, also in die Halbwelt.

20. Dezember

Die ‚Anspielung' war etwas sehr Sonderbares. Obwohl sie keine intellektuelle oder Bildungsleistung, sondern etwas ausschließlich Sinnliches darstellte, erinnerte sie an die ‚Indirektheit' des Geistigen und machte einen ‚geistreichen' Eindruck. Besonders der geistreiche Mann, zum Beispiel der Diplomat oder der Journalist, war glücklich frappiert, in der Sphäre der Sinnlichkeit das wiederzufinden, was die Qualität seines Berufs ausmachte. Daß er öfter als andere Typen in Begleitung der ‚Aparten' gesehen werden konnte, ist bekannt. Die Anziehung war gegenseitig. – Tatsächlich war das Phänomen der ‚Anspielung' bis in die letzten Winkel des Sinnlichen hinein zu verfolgen. In der Küche spielte es die gleiche Rolle wie in der Erotik. Es gab keinen feineren Käse, als den, der auf Verdorbenes anspielte; und wer kein Analphabet der Zunge war, der konnte zwischen den Zeilen des guten fromage bleu den Stall lesen. – Miterlebt habe ich diese Zeit noch. Aber auf die ‚recherche' dieses ‚temps perdu' zu gehen, darauf verzichte ich.

21. Dezember

Die Slavinnen in dem Bartók-Konzert waren nun freilich weder ehemalige Adlige noch ehemalige Leibeigene, sondern durchweg Mädchen aus solidesten Bürgerhäusern. Trotzdem: Der in ihren Herkunftsländern geschaffene (sonderbarerweise ‚rassig' genannte) Typ mit seiner erregenden Mischung von Stolz, Geheimnis, Animalität, Bäurischkeit, Nobilität und Melancholie, ist auch für sie noch heimliches Vorbild; noch deutlicher bei ihren

Müttern. Auf verschlungensten Umwegen ist dieser Typ vererbt worden: Einmal war natürlich die Bürgerin geschmacksmäßig eine Nachahmung der Feudalen. Da aber die legitimen Frauen überall mehr oder minder den Sexualtyp der Illegitimen übernehmen müssen, um der Konkurrenz gewachsen zu sein, war die Adlige nicht nur Vorbild der Halbwelt, sondern auch deren Nachahmung. Die Bürgerin folgte also dem Geschmack der Dame, die sich bereits dem Typ der Mätresse angeähnelt hatte, obwohl deren Bemühen einzig darauf gerichtet war, der Adligen gleichzukommen oder sie zu übertreffen.

*

Es ist nun bezeichnend, daß in dem, mindestens geschmacksmäßig demokratischen middle-class-Land Amerika (dessen feudale Überlieferung außer im Süden gleich Null ist) weder aparte Frauen noch das Phänomen der ‚Halbwelt' existieren. Doch: Aparte Frauen existieren vielleicht; aber für Amerikaner gelten sie eben nicht als ‚apart', sondern als ‚good locking' oder als ‚beauties'. Wo die der Kategorie zugrunde liegende Klassenlage nicht existiert, gibt es eben auch die Kategorie nicht. Als Ästhet mag man das bedauern. Aber nur als Ästhet.

*

Neben dem beunruhigenden Rudel der ‚Aparten' wirkten die an sich vollkommenen New England girls eigentlich stereotyp. Einmal schon deshalb, weil sie (obwohl zur bürgerlichen Aristokratie des Landes gehörig) durch die Massenproduktion mit-typisiert sind. Denn hier ist *die Frau* eben *die Nachahmung der im Film gezeigten Hollywoodgöttinnen*; und Frauen, die die gleichen Filme sehen, die gleichen ‚musts' lesen, die gleichen Moden (angeblich zum Zwecke der Individualitätssteigerung) mitmachen, die verlieren eben an Physiognomie. – ‚Apart' war jedenfalls keine, obwohl sie im Durchschnitt schöner waren als die Slavinnen und Magyarinnen. Aber es waren gewiß nicht ihre individuellen Differenzen, die ihren Reiz ausmachten. Umgekehrt wirkten diese Differenzen eigentlich wie zufällige Restbestände, die die typisierende Kraft nicht ganz hatte verarbeiten können. Sie alle sahen aus wie Tennis spielende Artemisse. Von ‚Geheimnis' keine Spur. Sie haben eben keine Geheimnisse; brauchen keine zu haben: Sozial sind sie vollkommen eindeutig. Wenn ihre Hetärenqualitäten gleich Null sind, so nicht allein durch die Überlieferung des Puritanismus. Auch nicht nur durch die Macht, die ehemals, in Pioniertagen, das amerikanische Mädchen eingenommen hatte (*ein* Mädchen als Kampfobjekt für fünfundzwanzig Männer) – sondern durch ihre Gleichberechtigung mit dem Manne. Freiheit bringt eben – so skandalös das klingt – die ästhetischen Sexualqualitäten zum Verkümmern, richtiger: sie macht diese Qualitäten überflüssig. Denn letztlich entspringen diese Qualitäten eben der Unfreiheit und Rechtlosigkeit: Wenn die Frau keine andere Rechts- oder Machtquelle hat als die erotische und durch nichts anderes Chancen hat, dann hat sie diese Mitgift bis ins Subtilste auszubilden. *Vermutlich steht Kultur der Sinnlichkeit im umgekehrten Verhältnis zu den Rechten der Frau. Rechte ruinieren Charme.* (Es gibt freilich einen kurzen historischen Augenblick, in dem der Charme *noch* und die Selbständigkeit *schon* da ist: dann entsteht der Typ der befreiten Sklavin, der erregender ist, als die beiden Grenztypen.)

*

Die beiden Gruppen mischten sich kaum miteinander. Die Mädchen glitten höflich aneinander vorbei, Beziehung zwischen ihnen schien es nicht zu geben. Eine Spur von Mißtrauen gegen das slavische Rudel glaubte ich zu spüren. Begreiflich genug wäre das gewesen: einmal deshalb, weil in Ländern mit puritanischer Tradition sinnliche Schönheit als ‚unbescheiden' und als unfairer Vorsprung empfunden wird; dann aber auch deshalb, weil in der eigentümlichen Hierarchie ethnischer Minoritäten, die die amerikanische Geschichte ausgebildet hat, die Slaven keine sehr hohe Stufe einnehmen. ‚Gleichberechtigt' in der Gesellschaft sind sie eigentlich nicht. Andererseits aber machte doch ihre Anwesenheit die party ‚so continental': Und diese Qualität ‚continental' gehört natürlich, da Europareisen eben eine Finanzfrage sind, zu den von der guten Gesellschaft als positiv anerkannten ‚Kulturwerten'.

Ähnlich schillernd war das Verhältnis der ‚Aparten' zu den, am laufenden Bande hergestellten Artemissen: Einerseits leichter Hochmut; sich selbst empfanden sie als raffiniert, die girls als Parvenus. Andererseits aber war ihr Respekt ‚for all things American' ganz deutlich, und zwar, weil für einen Europäer der Amerika-Aufenthalt, besonders im vergangenen Katastrophenjahrzehnt, ebenso eine Vergünstigung darstellte, wie für die Amerikaner eine Europareise. Verglichen mit ihren im Schutt ihrer Heimatländer zurückgebliebenen Freunden fühlen sie sich gewissermaßen als Aristokraten in einem neuen Sinne: Sie haben *das Adelspatent der American citizenship*; und der ‚alte Adel' der hier Geborenen imponiert ihnen.

22. Dezember

Währenddessen im Baß die folgenden naturphilosophischen Überlegungen:

Ist: ‚Individuen *haben* den Geschlechtstrieb' ein mehr als sprachlich zutreffender Satz? Bezeichnet nicht der Trieb umgekehrt gerade die Grenze dessen, was das Individuum *als* Individuum ist, die Grenze seiner – Abgegrenztheit? Dasjenige, was *den* Menschen hat oder treibt, im Unterschied zu dem, was *der* Mensch hat oder treibt? Darf man den Sexus ‚Eigenschaft' des Individuums nennen? Ist nicht vielmehr *das Individuum, als geschlechtliches*, Eigenschaft der Gattung ... *eine Art von ‚safe', in dem das Menschengeschlecht sein Eigentum angelegt hat? Ist es nicht wahrer, den Menschen von der Gattung auszusagen, also: ‚Das Menschengeschlecht ist – Menschen'*? Oder: ‚Die Gattung ist *als* Trieb – in den einzelnen'? *Statt: ‚Menschen haben den Geschlechtstrieb'?*

Oder sollte vielleicht alles, was wir (logisch nicht gerade sehr subtil) ‚Eigenschaft' nennen, zugleich ein ‚Als-Teil-Genommenwerden' *und* ein Teilnehmen sein, ein metechesthai *und* ein metechein? So daß, ontologisch gesprochen, der Trieb keine Ausnahme darstellte, sondern nur den äußersten Fall, von dem aus Licht auf ein viel breiteres Gebiet fiele?

23. Dezember

Ist nicht auch die gestrige Frage: ‚Hat das Wesen *den* Trieb, oder hat *der* Trieb das Wesen?' noch falsch, nämlich zu allgemein gestellt? Verbirgt nicht auch sie noch ungeprüfte Voraussetzungen? Zum Beispiel die, daß das Verhältnis von Gattung und Individuum, das Verhältnis von Integration *in* der Gattung und Abhebung *von* der Gattung bei allen lebendigen Wesen die gleiche sei? Diese Voraussetzung wäre jedenfalls falsch. *Lebewesen verschiedener Gattungen sind nicht nur verschiedene Individuen, sondern verschieden stark individuiert:* Manche gewissermaßen nur Flachreliefs am Grunde der Gattung; manche erhabener; manche nahezu Vollplastiken. Und viceversa: *Gattungen sind nicht nur verschiedene Gattungen, sondern in verschiedenem Grade Gattungen:* Manche gewissermaßen nur zurückgelassener Ursprung fast vollständig individuierter, abgenabelter Wesen; manche lebendiger Stamm halb-selbständiger Wesen, die ihren Stamm-Zusammenhang niemals ganz verlieren; und manche so kompakt, daß kaum zu entscheiden ist, ob sie selbst nicht ‚singularia' sind.

Ob es nicht andererseits gerade das äußerst individuierte Wesen ‚Mensch' auszeichnet, sogar dasjenige, was *ihn* besitzt und treibt, zum eigenen Besitz machen zu können? Also den Sexus zur Liebe? Dann hätte der Satz: ‚Menschen *haben* den Trieb' tatsächlich einen Sinn: nämlich den einer Aussage über menschliche Freiheit.

29. Dezember

Bekanntlich hat die klassische Philosophie das *Sein* im engsten Zusammenhange mit dem, später zum ‚singulare' gewordenen, *Eins* diskutiert. Die dem gesamten Nominalismusstreit zugrunde liegende, heute wie damals brennende, Frage lautet: „Darf man ‚Sein' von einem ‚Etwas' aussagen, das nicht ‚*ein*' Etwas ist? Also zum Beispiel von der ‚Gattung'?" Diese nach wie vor rechtmäßige Frage aufzufassen, ist nicht ganz einfach. Niemand aber, der sie aufgefaßt hat oder sie sogar in Angriff zu nehmen gedenkt, darf an der Tatsache ‚Sexus' vorbeigehen. Denn *der Sexus ist Gattung in actu*; oder, anders ausgedrückt: *Als Be-gattung ist Gattung nicht nur ein nomen, sondern ein Ereignis;* als Trieb ist Gattung nicht etwas an dem einzelnen; denn er treibt ja gerade den einzelnen als seinen Funktionär: Und kein einzelner (kein Individuum) kommt zum Sein, ohne daß die Gattung als Trieb und Begattung dafür Sorge getragen hätte. –

Wäre es nicht (nach klassischem Gottesbeweis-Modell) widersinnig, dem Bedingenden weniger ‚Sein' einzuräumen als dem Bedingten?

New York 1949

19. Januar

– Seid Ihr Männer oder Weiber? – Wir haben kein Geschlecht. – So, erzählt Heine im Nachwort zu seinem „Doktor Faust", hat die erste Begegnung zwischen Faust und den Teufeln in jenem vor-Goetheschen Fauststück gelautete, das auch er noch als Knabe in Hamburg gesehen hat. – Und so schien mir, hundert Jahre später, als ich Knabe in Hamburg war, meine erste Begegnung mit den Helden der philosophischen Haupt- und Staatsaktionen. Da trat *das* Individuum auf, *das* Ich, *das* Subjekt, *das* Bewußtsein, *das* Leben ... später gesellte sich auch noch in anspruchsvoller Verdüsterung *das* Dasein dazu. – Und als ich sie fragte: Seid Ihr Männer oder Weiber? – da antworteten sie: Wir haben kein Geschlecht.

20. Januar

Wenn weder das ‚Ich', noch das ‚Leben', noch das ‚Dasein' Geschlechtsmerkmale zeigen, so scheint das nur bedeuten zu können, daß den Philosophen la petite différence zufällig schien, aposteriorisch, empirisch, kurz: *metaphysisch nicht salonwürdig*. – Eine komische Anmaßung, wenn Philosophen, also schließlich doch auch Menschen, auf Grund ihrer paar flüchtigen Reiseeindrücke von der Welt, sich hinsetzen und die Dinge dieser Welt in die zwei Häufchen ‚Metaphysik-Würdiges' und ‚-Unwürdiges' sortieren und den Geschlechtsunterschied dem unwürdigen Aposteriori-Haufen zuweisen. – Man möchte ihnen „Vorsicht!" zurufen; und: „Ihr liebt doch sonst die ‚Bedingungen der Möglichkeit'. Beseht ihn genauer, den Sexus! Ist er nicht eine solche Bedingung? Und wer, wenn nicht er?"

21. Januar

Ob *das* Ich, *das* Bewußtsein, *das* Dasein wirklich geschlechtslos gemeint waren, wirklich als ‚ni homme, ni femme', sondern als ‚capucin'?

Verbirgt sich nicht im Hintergrund ein anderes, geradezu das entgegengesetzte Motiv? Nämlich die unausgesprochene, weil selbstverständliche Voraussetzung, daß alle diese ‚Subjekte' männlichen Geschlechts sind? Hat nicht die Macht unserer Männerwelt, die in vielen Sprachen den ‚Menschen' zur bloßen Variante des Wortes ‚Mann' gemacht hat, auch die Philosophie mitaffiziert? Sind nicht ‚Ich' und ‚Bewußtsein' – Männer? Wer hätte bei der Rede vom ‚Ich' jemals an Frau Fichte gedacht? Verbinden wir nicht sogar mit der ‚Person', obwohl sie sprachlich feminini generis ist und die moralische Idee des Menschen überhaupt zu bezeichnen vorgibt, etwas Maskulines?

24. Januar

Aber ist denn der Mann im gleichen Sinne ‚männlich' wie das Weib ‚weiblich'? Ist nicht das weibliche Geschlecht in einem anderen, ausgesprocheneren Sinne ‚Geschlecht' als das männliche? Mindestens in unserer heutigen Männerwelt? Mir scheint, ja. Und zwar, weil es das *andere* Geschlecht, also das Geschlecht *für* den Mann ist. Auffallende Bestätigung, daß wir für die Frau *als* Frau einen Sonderausdruck haben: ‚Weib', dem für unser Geschlecht nichts entspricht. Machen wir es uns nicht philosophisch zu bequem, die beiden Geschlechter einfach als die symmetrischen Äste eines Ordnungssystems anzusehen? Gehört es nicht vielleicht wirklich zum Mann, daß er (ohne dadurch etwa unmännlich zu werden, im Gegenteil) *geschlechtsneutraler Attitüden* fähig ist. – Daß seine Geschlechtsfunktionen sein Leben viel weniger bestimmen und ausfüllen als die Frau? – Vielleicht besteht die Verschiedenheit der Geschlechter, mindestens *auch*, in der *Asymmetrie*: darin, daß *die Rolle der Geschlechtszugehörigkeit für das eine Geschlecht etwas anderes bedeutet als für das andere.*

... was alles natürlich nichts gegen die Frau besagt. Denn

wenn sich, wie es der Fall war, die Frau in einer Situation befand, in der ihre Geschlechtszugehörigkeit eine andere Rolle spielte als beim Mann; wenn sie auf ihr Frau-sein festgelegt war, so waren es eben auch wir Männer, die sie festgelegt haben. Und sind nicht ‚Festlegungen', gleich, ob sie in Form von Eisenketten, Sitten, Vorurteilen oder Philosophien vor sich gehen, immer Machtergebnisse?

26. Januar

Warum sollte die Tatsache, daß es zwei Geschlechter gibt, eine nur empirische Dignität haben, während man die Existenz des ‚Menschen' (im Singular) in apriorisierenden Anthropologien behandelt? Ich schlage nicht etwa vor, das Geschlechtliche nun sofort zu einem Apriori zu erheben. Schon deshalb nicht, weil ich gar nicht sicher bin, daß das Begriffspaar apriori – aposteriori erschöpfend ist. Letztlich setzt dieses Begriffspaar voraus, daß es sinnvoll sei, zwischen metaphysisch Notwendigem und Kontingentem zu unterscheiden; und daß sogar *wir* die Sortierung durchführen können ... was eine ziemliche metaphysische Dreistigkeit ist. – Nein, was ich meine, könnte ebensogut als Erweiterung des Aposteriorischen formuliert werden. Vielleicht ist die Tatsache, *daß* es Menschen gibt, genauso kontingent wie daß es Geschlechtlichkeit gibt. Nur wer dem Menschen eine ihm providentiell zugewiesene Rolle unterschiebt, an der gemessen gewisse seiner Attribute fortdenkbar, auswechselbar, also irrelevant wären, kann an dieser Frage Anstoß nehmen. – *Letztlich gibt es Apriorisches immer nur an Kontingentem,* nämlich an Existierendem, dessen Bestand als notwendig grundsätzlich niemals nachgewiesen werden kann.

27. Januar

Deutlich ist jedenfalls, daß eine Philosophie des Geschlechtlichen mindestens ergänzt werden müßte durch eine Untersuchung über die heimlichen Geschlechtsmerkmale (oder Geschlechtsneutralisierungen) der Philosophie, durch eine *Sexologie der Er-*

kenntnis. Sehr wahrscheinlich ist es mir, daß gewisse philosophische Motive niemals aufgetaucht wären, wenn nicht Männer, sondern Frauen den Faden der Geschichte der Philosophie gesponnen hätten. Fichtes monströser Homunkulus-Gedanke eines ‚sich selbst setzenden Ich' ist zum Beispiel von einer schwangeren Frau einfach unnachvollziehbar. Und Recht hat sie, wenn sie diese Idee eines sich selbst erzeugenden Homunkulus nicht bewältigen kann. – Daß auch Fichte dieses Gedankenmotiv nicht naturphilosophisch gemeint hatte, nicht als ‚Selbsterschaffung' (sondern als politische Selbstgesetzgebung), das weiß ich auch. Aber der Gedanke konnte eben in de-politisierter Form weiterleben, was er in einer matriarchalischen Welt gewiß nicht gekonnt hätte. – Ebenso scheint mir plausibel, daß *der Begriff ‚Welt' anders aussehen* würde, *wenn er seine Artikulierung durch Wesen erfahren hätte, die andere Wesen ‚zur Welt bringen' können, also durch Frauen.* – Aber Pallas Athene, die Göttin der Vernunft, sprang eben selbst bereits aus einem Männerschädel; dem Perseus half sie, den letzten matriarchalischen Spuk auszurotten, und Jungfrau blieb sie auch: Mit ihrer geschlechtlichen Neutralisierung begann das Zeitalter der europäischen Philosophie.

3. Februar

Der Komödiendichter, der einen Satyr im geschlechtlosen Nachthemd auf die Bühne brächte, würde ihn zu einem zugleich philiströsen und unanständigen Wesen machen. Genau das tut der Philosophierende, der den Sexus, in die Worte der geschlechtlich-neutralen Kunstsprache gekleidet, vorführt. Aber auch sich selbst setzt der Philosophierende dadurch der Lächerlichkeit aus.

Diese Gefahr der Lächerlichkeit, die ich bei jeder Eintragung spüre, ist das besondere Pech des Philosophen. Der Physiologe zum Beispiel ist ganz unlächerlich. Unangefochten darf er sich über das Gebiet in der absonderlichsten Kunstsprache auslassen. Und zwar deshalb, weil seine entfremdende Art, das Gebiet zu ‚behandeln', Teil einer gesellschaftlich anerkannten Behandlung: seiner ärztlichen Menschenbehandlung ist. – Aber welchen gesellschaftlichen und gesellschaftlich anerkannten Platz nähme der Philosoph ein, der heutige akademische Philosoph? Da er nicht Menschen behandelt, sondern im besten Falle Abhandlungen über dessen Probleme schreibt, fehlt seiner ‚entfremdenden' Behandlung die, in anerkannter Praxis gründende, Rechtfertigung: Und wenn er über Sexuelles philosophiert, wirkt er als Kulturschwätzer.

4. Februar

Die Tatsache, daß die Hauptpersonen auf der Bühne der Philosophie (‚Ich', ‚Bewußtsein', ‚Dasein') geschlechtsneutral sind, ist natürlich nicht einfach lächerlich. Ob nicht solche Neutralität sogar notwendig zum Philosophieren gehört? Zweiundeinhalb Jahrtausende europäischen Philosophierens kann man jedenfalls nicht mit der Bemerkung abtun, es habe versehentlich oder heimlich etwas ‚ausgelassen'. Schließlich war Philosophieren niemals eine an allen Dingen gleichermaßen interessierte Wissenslust, sondern eben ein modus vivendi, und zwar ein solcher, für den man den hohen Preis des Lebensverzichtes zahlte. Ja, mehr: Es war eben gerade das *Ziel* des Philosophierens, den im Sexus verkörperten Lebensmodus auszuschalten, weil so allein die Chance der Erkenntnis sich öffnete. Daß man dasjenige, was man auszuschalten oder zu überwinden suchte, nicht gerade zum Hauptgegenstande des Philosophierens oder gar zum Modell der Kategorien machte, ist begreiflich.

Außerdem ist natürlich jede spezifische Tätigkeit durch eine spezifische Auslassung ausgezeichnet. Der Philosophie ihre Auslassung vorzuhalten, ist vielleicht ebenso töricht, wie der Malerei ihre Tiefenlosigkeit oder der Skulptur ihre Stummheit anzurechnen.

20. Februar

Hätte Hegel den Sexus erfunden, mehr Dialektik, als ihm wirklich innewohnt, hätte auch er ihm nicht einpumpen können. Denn er ist *zugleich das Gemeinste und das Privateste.* – Das

‚Gemeinste' in verwirrend vielfachem Sinne: Abgesehen von der moralischen ‚Gemeinheit', die ihm in der ganzen Tabugeschichte, also in der ganzen Geschichte der Menschheit, zugeschrieben wurde, ist er ‚gemein', weil allen gemein; und ‚gemein', da er als Trieb auf etwas ‚Allgemeines' aus ist: Nämlich auf das andere Geschlecht überhaupt.

‚Allgemeinheit der Intentionalität' ist freilich nicht Monopol des Geschlechtstriebes. Leben heißt (mindestens für den Menschen): Nicht auf ‚dieses', sondern auf ‚solches' zugeschnitten sein. Auf Essen ‚überhaupt' geht unser Hunger, nicht auf Zwiebelsuppe; für Sprache überhaupt sind wir gemacht, nicht für Botokudisch; für Geselligkeit überhaupt, nicht für den spartanischen Soldatenstaat. In diesem Offensein für Allgemeinheit besteht geradezu das ‚Wesen' des Menschen: Während Instinkt bedeutet, daß ein Wesen (A) auf die Existenz und das Sosein von etwas Bestimmtem (B) zugeschnitten, angewiesen oder eingespielt ist; und daß es, wenn dieses B fehlt, nicht leben kann. – Angewiesenheit auf etwas Bestimmtes (B), also Bestimmtsein durch B, ist nun offensichtlich Unfreiheit; umgekehrt Zugeschnittensein auf solches offensichtlich ‚Freiheit': Denn aus ‚solchem' kann man wählen oder (durch Bearbeitung) ein ‚dieses' machen. Kurz: *Offensein für Allgemeines und ‚Freiheit' sind eines und dasselbe.*

Obwohl dieses Offensein für Allgemeinheit (gleich Freiheit) ein allgemeiner Zug des Menschen ist, ist die ‚Allgemeinheit' des Sexus nicht einfach ein Unterfall dieser ‚allgemeinen Bereitschaft für Allgemeinheit'. – Während das Ziel des Hungers oder des Durstes: Speise oder Trank überhaupt, in Außermenschlichem besteht, geht der Geschlechtstrieb auf – *Menschen*. Aber Menschen meint er nun im Überhaupt-Modus, denn der Trieb geht eben, erst einmal ohne Ansehen der Person, auf das ‚andere Geschlecht'. In diesem ‚ohne Ansehen der Person', das ‚die Menschheit im Menschen' entwürdigt, besteht also die ‚Gemeinheit' des Sexus.

Moralisch gemein scheint es uns, wenn eine Frau nicht als *diese*

Eine, sondern als *eine* Frau (die zufällig gerade diese ist), also als Allgemeines angesehen, behandelt oder geliebt wird. Diese Gemeinheit ist zwar mit der von Kant behandelten Gemeinheit (Benutzung einer Person als bloßen ‚Mittels') verwandt, identisch aber durchaus nicht. Kants ebenso ledern wie obszön klingende Ehe-Definition in der „Metaphysik der Sitten", sie sei der, mit gegenseitigem Einverständnis stattfindende ‚wechselseitige Gebrauch, den ein Mensch von eines anderen Geschlechtsorgan und Vermögen macht', ist völlig blind dagegen, daß selbst im vulgärsten faire l'amour immer noch der andere als Mensch begehrt wird. Für Kant entsteht im Grunde die Ehe dadurch, daß am Geschlechtsorgan des anderen, das zwecks ‚Genuß' gebraucht wird, unseligerweise immer ein ganzer Mensch hängt, der nun in Kauf genommen (moralisch: mitverantwortet) werden muß. Da der ‚Gebrauch' des anderen ein ‚Genuß' sei, mache man den Genossenen eo ipso zur ‚*Sache*' – und diese Gemeinheit werde nur durch die Gegenseitigkeit des Vertrages ausgelöscht, durch die jede der beiden Personen ihre ‚Persönlichkeit' zurückgewönne: Man muß schon sagen, die kontraktliche Sanktionierung gegenseitiger Entwürdigung ist eine etwas eigentümliche Methode der Würde-Rettung. –

Es wäre natürlich leicht, zu zeigen, daß gerade die Legalisierung des gegenseitigen ‚Gebrauchs' den Gebrauch erst recht zur Gemeinheit machen würde . . . wenn es sich eben um ‚Gebrauch' handelte. Und nichts anderes war die These der „Lucinde", deren wilde Formulierung wie ein Negativ der Kantschen Formel wirkt. Aber es ist eben der Begriff ‚Gebrauch', der das Argument von vornherein verdirbt. Denn nur in alleruntypischsten Fällen (nicht einmal bei Vergewaltigungen) wird die Frau als ‚Mittel', also als ‚Sache' benutzt. Wer von ‚Mitteln' des Sexus (besonders von der Frau als ‚Mittel') redet, setzt voraus, daß Lustgewinn auch mit anderen Mitteln erzielbar sei . . . was in gewissem Sinne natürlich nicht zu leugnen ist; aber die Tatsache, daß es ‚Mißbräuche' gibt, beweist noch nicht, daß der ‚Brauch' nur einfach ein ‚Mittel der Lustgewinnung' sei. Geschlechtsverkehr ist keine umdliche Variante der Onanie. Ebensowenig gilt die, nur durch le erotische Ahnungslosigkeit erklärbare Voraussetzung, daß mit anderen Mitteln zu erzielende Lust identisch sei mit der enthusiastischen, selbst der ordinärsten Liebeslust. Denn auch das vulgärste Liebespaar ist eben, in actu, ein *Paar*, kein Interessenverein zum Zwecke gegenseitiger Lustgewinnung. Es sind *nicht zwei Lüste*, die erstrebt werden (obwohl oft nicht mehr als das dabei herauskommen mag). Das *Lust-Ziel*, selbst das ordinärste, besteht nicht in dem Zustand, den man, ‚vermittels der Frau' (d.h. möglicherweise auch ohne Frau), einheimst. Wäre das der Fall, so würden alle Frauen arbeitslos werden; und Don Juan, mit seinem erotischen Wandertriebe, gliche dem Bettler in dem persischen Märchen, der die Länder der Erde durchstreifte, um unterwegs das gleiche Brot zu essen, das er sich auch zu Hause hätte leisten können. – Ziel der Liebe ist nicht die Lust *durch* die Frau, sondern die Lust *mit* der Frau; sie zu *haben*; nein, einfach *sie*: Denn ohne Frau wäre eben die Lust gar nicht die selbe Lust. – Daß die Frau ‚verlockend' ist, wird auch der Prüdeste, gerade der Prüdeste, nicht leugnen. Seit wann locken Mittel? Löffel oder Gabel? Ziele locken. –

Nein, die Gemeinheit des Sexus besteht, wo er gemein ist, in etwas anderem. Nämlich darin, daß eine ‚bestimmte Person' als ‚unbestimmter Artikel', als ‚Frauensperson': also in ihrer *allgemeinen Qualität* genossen wird. Aber das bedeutet nicht, daß der Vergewaltigende seine Lust *vermittels* einer Frau genieße, sondern daß er in *einer* Frau eine *Frau* genieße. ‚Eine *Frau*', obwohl ‚eine' eben notwendigerweise immer ‚diese' ist. Und daher rührt die Gemeinheit.

21. Februar

Aber eben nicht nur die Gemeinheit. – Mindestens für den Mann bedeutet der Sprung in das ‚Allgemeine', den trotz der individuellen Liebe zum geliebten Individuum das faire l'amour darstellt, auch etwas schlechthin Positives. Wenn seit hundertfünfzig Jahren die Liebe eine pseudoreligiöse Deutung erfahren konnte, so eben deshalb, weil der Einbruch in das (von Kant als Nicht-Individuelles verpönte ‚Gemeine') zugleich als *Einbruch in das Vor-Individuelle*, in den ‚Grund des Lebens' erlebt werden konnte: also – damit bin ich bei den ersten Motiven der Eintragung – als *Erlösung von der Individualität.* Diese Erlösung hat ihre rauschhafte Darstellung in allen Wagner-Opern erfahren, vom „Holländer" bis zum „Tristan": Das Eis der Individualität bricht ein, die Wasser beginnen zu rauschen. Das ‚Höchste Lust – unbewußt' bedeutet nichts anderes als: Höchste Lust, nicht mehr man selbst zu sein; das zu sein, was man zwar *auch* ist, aber eben nicht als ‚man selber'. Wer den Rausch dieser Musik ‚gemein' nennt, hat einen unsubtilen Gemeinheitsbegriff.

22. Februar

Das Eigentümliche, eben der ‚hegelsche Zug' *am Sexus, besteht darin, daß gerade das, was uns gemein ist*, ‚was uns eint', *als das Private, ja, als das Privatissimum, gilt.* Was wir unter Feigenblättern oder Kleidern verstecken, ist niemals unsere wirkliche differentia specifica, niemals unser Privatestes und Eigentümlichstes wie unser Gesicht, an dem man uns als uns selbst erkennt, sondern eben gerade dasjenige, was wir *nicht* selber sind. *Das Individuum schämt sich seines nicht-individuellen Teiles und macht diesen zum unsichtbaren, dadurch privatesten Teil, den es ‚die Scham' nennt.*

23. Februar

Nein, mehr Dialektik hätte auch Hegel diesem Gebiete nicht einpumpen können. Denn zu glauben, daß man sich *nur* des Gemeinsamen schäme, wäre auch wieder schief. Gesellschaftlich gesehen, schämt man sich ja gerade des Nicht-Gemeinsamen: Nämlich, anders zu sein als die anderen. Die zwei Scham-Motive sind so eigentümlich unverbunden, daß es durchaus passieren kann, daß sich einer, in einer Gesellschaft, die gewisse Scham-Standards über Bord geworfen hat, *schämen kann, sich noch zu schämen.*

24. Februar

Ist der Geschlechtstrieb ‚gemein', in dem Sinne, daß er primär nicht auf ein ‚Dieses', sondern auf ein Solches aus ist, dann ist er in einer geordneten Gesellschaft die schlechthin anarchistische Macht. Also muß er rigoroser geregelt und abgegrenzt werden als irgend etwas anderes. Je reißender der Strom, desto dringlicher die Ufer-Regulierung. Daß fast alle Gesellschaftsordnungen erst einmal als ebenso schroffe wie komplizierte Regulierungen des Geschlechtslebens eingesetzt haben, wird von allen Athropologen zugegeben. Nichts benötigt so rigorose Einsäumung und Lokalisierung wie das ‚Gemeinste'.

Wahrscheinlich verdankt das ‚Private' (mit dem zu ihm gehörigen Tabu-Affekt der ‚Scham') seinen Ursprung diesen, von der Gesellschaft sich selbst auferlegten Restriktionen. ‚Scham' bedeutet ja, zum Beispiel im Griechischen, Scheu vor der Verletzung der Tabu-Vorschriften; zugleich Scheu vor dem Öffentlichmachen dessen, was man mit anderen ‚gemein' hat; das ‚Sich gemein machen'; schließlich (zeitlich vermutlich ‚erstens') etwas Anatomisches.

Die eigentliche Schwierigkeit jeder Liebesbeziehung besteht nun darin, den Trieb, der ursprünglich ‚dem anderen Geschlecht' gilt, so zu kanalisieren, daß er nun ‚nur' auf ein einziges Individuum des anderen Geschlechts abzielt. Was immer nur mehr oder minder glückt; völliges Gelingen, ‚Fixation', betrachten wir ja geradezu als etwas Krankhaftes.

Daß die Liebe selbst bereits eine List der Natur ist, ein Trick, den ‚allgemeinen' Trieb auf einen bestimmten Liebesgegenstand festzulegen, ist deutlich. Aber diese Aufgabe wird doch eben von der Natur selbst nur ganz unzureichend gelöst: Die eigentliche Aufgabe jeder ‚kultivierten' Liebesbeziehung besteht eben in nichts anderem als darin, die Triebkraft des breiten Geschlechtstriebes in das enge Flußbett einer einzigen Beziehung zu leiten und sie in ihm zu halten. Im engen Flußbett nimmt sie dadurch eine viel stärkere Stoßkraft an: die man dann eben ‚Liebe' nennt. Wie weit diese Kanalisierung gelingt, wie weit sie gelingen muß, hängt von zahlreichen Umständen ab. Zum Beispiel geschieht es häufig, daß dic ‚Gemeinheit‘ des Triebes sich in der Ehe erhält, ohne diese zu ruinieren, ja, ohne sie eigentlich zu gefährden, weil der Mann in der zufällig erworbenen Frau niemals das Individuum gesehen hatte, stets nur das Allgemeine. Der ‚Betrug‘ liegt hier gewissermaßen in der Eheschließung selbst, die vorgibt, den einzelnen als einzelnen zu meinen. Aber der Ausdruck ‚Betrug‘ ist wohl übertrieben pathetisch, da der Ehepartner, die Frau, vielleicht gar nicht auf den Gedanken gekommen ist, als ‚sie selbst‘ gemeint worden zu sein, gemeint zu werden, gemeint werden zu können: Die beiden beleidigen einander gar nicht, da sie eben nur Spielbälle des Geschlechts sind. Und unter Umständen sind sie sogar einander treu, gerade *weil* sie den anderen nicht eigentlich als ‚ihn selbst‘ lieben; oder, anders ausgedrückt: weil sie (vorausgesetzt, daß es ‚klappt‘) bei anderen gar nichts anderes finden würden, als was sie beieinander finden. – Die ‚Gemeinheit‘ der Untreue setzt eigentlich erst dort ein, wo das Geschlechtliche seines nur Gemeinsamen oder Gemeinen bereits entkleidet ist und als ein charakteristischer individueller Zug aufgefaßt wird.

26. Februar

Eigentlich gibt es nur zwei Typen, die sich um das mit der ‚Gemeinheit‘ der Sexualität mitgegebene Problem herumdrücken: Erstens den *Asketen*, der in jedem Individuum, in jedem Liebespartner *nur* das Allgemeine, in jeder Frau nur das Weib sieht; und der diese ‚Gemeinheit‘ als so hoffnungslos endgültig betrachtet, daß er den Versuch einer Kanalisierung oder Individualisierung bereits vor dem Versuch aufgibt. – Und zweitens den *Don Juan*, den es rasend macht, *das* Weib immer nur im Plural vorzufinden, des allgemeinen Singulars niemals habhaft zu werden, und der sich deshalb mühselig von Individuum zu Individuum entlangliebt ... natürlich ohne je durch die jämmerlich endlich bleibende arithmetische Reihe zur Idee des Weibes, zu jenem ‚Weib im Allgemeinen‘, das der Trieb ihm versprochen hatte, vorstoßen zu können: Denn die ‚Idee‘ erreicht man natürlich nicht durch Summierung. –

Daß diese Dialektik ihre letzte Zuspitzung erst in der Monogamiegesellschaft erfahren hat, ist klar; aber doch wohl nur ihre letzte Zuspitzung.

4. März

Bei Gn.'s. – Dort, etwa sechzigjährig, der amerikanische Analytiker M. Nachdem ich arglos die Seiten vorgelesen hatte, in denen ich behaupte, es gebe heute keine Philosophie der Liebe, brach dieser Dr. M. plötzlich los und steigerte sich in einen Anfall, der zu den maßlosesten gehört, die ich je miterlebt habe. –

Die prophetenhafte Erregung eines Mannes, der einen Straßenanzug trägt statt eines antiken Gewandes, ist an sich schon etwas Schauerlich-Komisches. Wenn aber einer seinen Furor mit ordinären Aufklärungs-Vokabeln schürt; wenn er, als verkünde er eine Eschatologie, eine physikalistische Konstruktion von kindlichster Art entwirft; wenn er dieses primitive Gebilde mit dämonologischen Vokabeln anfüllt und dabei eine Leidenschaft entwickelt, als handle es sich um die Wahrheit seines Gottes, dann wird die Absurdität beängstigend.

Fast scheußlicher aber als der Ausbruch selbst war dessen plötzliches Zusammensinken. –

Es gehört wohl zu den Aufgaben des Analytikers, aus der geschlechtlichen Scham – Scham vor der Verdrängung und aus der geschlechtlichen Angst – Angst vor der Leugnung der Komplexe zu machen. Wie nicht anders zu erwarten (denn das gehört eben zum Schema solcher Missionsreden) kam also Dr. M. zu der Stelle, an der er mit Donnerwort die Gesellschaft verhöhnte: Hinter ihrem Widerstande gegen die Analyse stünden die skandalösesten Verdrängungen. –

Aber die Gesellschaft, im Durchschnitt etwa Vierzigjährige, konnte durch diese Einschüchterung nicht mehr beunruhigt werden. Sonderbarerweise ist es die Analyse selbst, die mitgeholfen hat, diese Angst zu neutralisieren: Da sie nun seit nahezu einem halben Jahrhundert unermüdlich betont, daß sich irgendwo im Hintergrunde jedes Menschen irgendwelche erstaunliche und skandalöse Wünsche regen oder geregt hätten, hat *die Tatsache schmutziger seelischer Eingeweide ihre Schreckwirkung verloren*: Man ist an sie genauso gewöhnt wie an die Tatsache, daß man wenig reizvolle Eingeweide in seinem Leibe herumträgt. – Der Hauptgrund für unsere Uninteressiertheit (die bei manchen bis zum gelangweilten Zugeben aller psychoanalytischer Thesen geht) besteht natürlich in der Tatsache, daß *wir mehr an der schrecklich mißlingenden Welt interessiert sind, als an uns selber.* – Schließlich kommt (drittens) noch dazu, daß *die Analyse die Verdrängungstheorie als Mittel der Entlarvung von Kultur und Moral mißbraucht hat und damit fortfährt, nachdem die vulgärsten Formen des Moral-Naturalismus ihre Triumphe in den Vergasungs-Installationen der Nazis gefeiert haben.* –

Es ereignete sich also etwas sehr Sonderbares. Als uns Dr. M. mit dem tausend Male erfolgreich erprobten Argumente einzuschüchtern versuchte: Unser Widerspruch gegen die Analyse sei Widerstand, also Zeugnis der schlimmsten Verdrängungen, da geschah es, daß einer höflich und nüchtern (freilich gut zielend in den Zwischenraum zwischen zwei Donnerschlägen) die Bemerkung machte: „*Hoch unsere Verdrängungen!*“ –

Erst einmal überrollte der Donner die Bemerkung. Mitleiderregend aber wurde es, mitzuerleben, wie Dr. M. sie nach zwei, drei Minuten doch hörte; wie er ungläubig fragte: „*Was* haben Sie da gesagt?“; wie man ihm die Bemerkung freundlich wiederholte; wie ein zweiter ergänzte: „Herr Dr., ich schenke Ihnen alle meine Komplexe . . . jawohl, ich gebe sie Ihnen zu, aber mich mit diesen zu beschäftigen, dafür habe ich wahrhaftig keine Zeit“; wie der Donnerer noch ein paar Worte versuchte, aber plötzlich heiser war; wie er, wie ein angestochener Ballon, in sich zusammensank und mit zitternder Hand seinen Cognac vergoß. –

Nein, ein einfach privates Ereignis war dieses Schauspiel nicht; sondern ein verdichtetes Stück Geschichte: *Dr. M. hatte mit einer Emotion gerechnet, die nicht mehr gilt: Mit der Scham vor dem Sich-Schämen.* Seine Kraft hatte ausschließlich von der Voraussetzung gezehrt, daß die anderen sich genieren würden, sich ‚noch immer, heute noch, im Jahre 48', ihrer verdrängten Komplexe zu schämen. Aber das taten sie nicht mehr. Seine Niederlage war die einer Generation. Denn *eine Generation dankt nicht dann ab, wenn ihre Antworten widerlegt, sondern wenn diese als unwichtig erachtet werden.* –

15. März

Das Analyse-Racket hier nimmt ganz unvorstellbare Ausmaße an. Höchste geistliche Würdenträger versuchen (vermutlich, ohne je einen Blick in „Totem und Tabu" geworfen zu haben), einen „*Generalnenner*" für Religion und Analyse zu finden. So unausweichlich ist bereits (oder noch) der öffentliche Zwang dieser Bewegung. – Von Bacon oder Rousseau haben zwar meine Boys und Girls niemals etwas gehört („*How do you spell them?*"), aber über „orale Phase" diskutieren sie mit einer Frische oder Gelangweiltheit, jedenfalls mit einer Unbefangenheit, als handle es sich um Dieselmotoren. Bei den meisten geht es dabei um reinen Lehrstoff: daß sie sich wirklich bewußt wären, worüber sie da sprechen, scheint mir sehr zweifelhaft. – Für manche freilich ist wohl, darüber zu reden, zur Ersatzleistung geworden, zu einer Art von verbalem Libertinismus. Aber wahrscheinlich entspricht ihrer pedantischen verbalen Schamlosigkeit gar kein wirklicher Libertinismus; oder wenn, dann nur als nachträgliche „praktische Demonstration", die dem theoretischen Kurs extracurricular zu folgen hat. Für sie verhält sich die Analyse zur Liebe wie theoretische Physik zur Technik: sie beginnen mit der Theorie; ob sie das Studium bis zur praktischen Anwendung durchhalten, steht zumeist noch nicht fest. – Da sind z. B. jene Mädchen, die auf irgendeine Art von Sozialtätigkeit hinarbeiten; jede hat in den Abendstunden Libido zu büffeln; und in manchen Schulen sogar vor ihren Kolleginnen über ihre Inzestgelüste zu referieren; und wehe, wenn sie keine findet – jede hat sie, genauso wie Leber oder Nieren; und die erforderliche Punktezahl für das Examen muß erreicht werden. –

„Wie erklärt Ihr Euch", fragte ich, „daß die Analyse hier eine so ungeheure Rolle spielt?"

„Weil wir eben progressiver als andere Länder sind.“

„Und was versteht Ihr unter ‚progressiv‘?“

„Keine Vorurteile haben.“

„Genau umgekehrt. Die Fixierung auf die Sexualität, die Euer Analyse-Racket darstellt, ist puritanisches Erbe. Don Juan war an Frauen interessiert. Nicht an Sexualität.“

„*Nonsense!*“ rief einer, vorurteilslos genug. „Gerade weil wir *nicht* Puritaner sind, sind wir Analytiker!“

„Ich werfe Euch ja gar nichts vor“, versuchte ich ihn zu beruhigen. „Keiner von Euch kann etwas für die Religionsgeschichte der letzten Jahrhunderte. Aber *nur einem ehemaligen Puritaner kann es passieren, professioneller Nicht-Puritaner zu werden. Ihr seid eben polemisch abhängig.*“

„Inwiefern?“

„Weil Ihr ebensowenig wie Eure puritanischen Ahnen die Liebe als Liebe seht, sondern nur als Trieb, also als Natur. Weil Ihr genauso wie Eure Ahnen den Kulturformen der Liebe mißtraut. Sie sahen den Trieb als unreine Naturkraft. An seine Humanisierung glaubten sie nicht. Und nur durch das Sakrament glaubten sie ihn legitimieren zu können. Ihr seht die Liebe gleichfalls nur als Naturkraft, wenn auch als ‚reine‘, die von ihren kulturellen Hemmungen befreit werden muß. Das Mißtrauen habt Ihr also von Euren Ahnen geerbt; nur daß Ihr eben die Analyse dazu verwendet, die Wertung auf den Kopf zu stellen: Ihr gebt dem Trieb ein Pluszeichen; sie gaben ihm ein Minuszeichen.“

„Als wenn wir nicht tausend gesellschaftliche und kulturelle Faktoren berücksichtigten“, meinte gekränkt ein Mädchen, das jeden Abend nach achtstündiger Büroarbeit einen Libido-Kurs besucht, wodurch es natürlich alle Libido-Chancen ihres Lebens versäumt; denn viele hier kommen vor Analyse nicht zur Liebe.

Die ganze Klasse gab ihr Beifall.

„Richtig“, sagte ich. „Als Störungsfaktoren berücksichtigt Ihr sie. Als ‚Verdränger‘, die man abmontiert, um die Sache selbst freizumachen. Was die Analyse ‚behandelt‘ (im Doppelsinne von Theorie und Praxis), ist niemals die Rolle des Sexus in der Gesellschaft; nur die Rolle der Gesellschaft im Sexus: ihre Sabotagegeschichte, die der Libido ihre Biographie verliehen hat. Denn Geschichte ist für sie die Geschichte der Triebverhinderungen."

Da klingelte es.

„Ihr werdet noch einmal einen furchtbaren Umschlag erleben", schloß ich warnend. „Eines Tages nämlich, wenn Ihr älter sein und mit Erfolg alles abmontiert haben werdet, dann werdet Ihr völlig nackt dastehen. Die triebhemmenden Mauern werdet Ihr abgerissen haben, und Euer Trieb selbst wird eingeschlafen sein. Mich friert, wenn ich an diese Öde denke."

Eine ältere Dame – denn man studiert hier bis achtzig – runzelte ihre Brauen.

„Ihr seid so stolz, im Schweiße Eures Angesichts zu lernen, direkt durchs Fenster auf die Straße des Triebs zu gelangen. Morgen werdet Ihr ins Konzert gehen, um den Schlußakkord zu hören ... die Durchführung der Symphonie wird Euch als Verhinderung und als Umweg zuwider sein. Was sage ich ‚Ihr werdet'? Ihr tut es bereits. Denn was Ihr im Radio hört, sind bereits die abgerahmten Hauptthemen und die geköpften Apotheosen. Alles andere habt Ihr bereits ‚verdrängt'. Wenn Ihr es Euch angewöhnt, direkt durchs Fenster auf die Straße des Triebs zu gelangen, versäumt Ihr am Ende nicht nur den Umweg, den das Treppenhaus der Kultur darstellt, sondern eben auch die Kultur selbst."

„Ist denn nicht die Psychoanalyse selbst ein ‚*cultural value*'? fragte einer.

Da klingelte es zum zweiten Male.

„Und der langen Rede kurzer Sinn?" fragte eine, und ihr Federhalter lag auf dem Papier, um mitzuschreiben.

„Daß Ihr Euch auf der langen Rede kurzen Sinn beschränken wollt", antwortete ich. Und es klingelte zum dritten Male.

21. März

D., der von diesen Eintragungen gehört hatte, kam zu mir. „Sie haben gewiß auch etwas über Geschlechtsmoral geschrieben", meinte er unsicher. – Ich schüttelte den Kopf. – „Das

Ganze ist also nichts als eine Physiologie der Liebe?" – „Auch nicht. Außer, Sie rechnen Theoretisches über Sitte und Unsitte auch zur ‚Physiologie der Liebe'." – „Wenn es sich nur auf Bestehendes bezieht, nicht auf ‚Gesolltes' – ja. Also bloße Feststellungen?"

Ich war unausstehlich prinzipiell. „Es gibt keine Zeichnung", sagte ich, „die nicht, um Zeichnung zu sein, gleichzeitig in irgendeiner Farbe wäre. Ebensowenig Feststellungen über Menschliches, die nicht, ob sie wollen oder nicht, eine moralische Tönung hätten." – „Sehr bescheiden." – „Find ich nicht. Mir scheint, es macht einen ziemlichen Unterschied aus, ob man mit seinen Worten über Geschlechtliches den Leser erschreckt oder ihm Vertrauen einflößt, ob man ihn verhärtet oder auftaut, ob man an seinen Hohn appelliert oder an seine Delikatesse; einen moralischen Unterschied meine ich." – „Bescheiden", wiederholte er. – „Kurz: Sie verlangen ein: *Dies* sollst Du, und *jenes* darfst Du nicht?" – „Richtig, So sehen Geschlechtsmoralen aus."

Ich schüttelte den Kopf. – „Und warum nicht?" fragte er. – „Weil es entweder ein ‚Soll' gibt, das das Ganze der menschlichen Beziehungen im Auge hat und für das Ganze verbindlich ist; oder gar keines. Aber das Bild des Ganzen moralisch offenlassen, um dann eine einzige insulare Angelegenheit herauszupicken und sie (weiß der Himmel, mit Hilfe welches dei ex machina) zu regeln – das kommt mir vor ..." – „Na?" – „Als wenn Sie in Ihrem Hotel auf eine allgemeine Hausordnung verzichteten, aber für den Ausschank von Rum eine strikte Regel durchführten." – „Ausgerechnet", sagte er. – „Genau so. Denn was bedeuten denn spezielle Regeln?" – „Na?" – „Daß das Spezielle eingeordnet werden soll in ein breiteres Bild des Ganzen, wie es sein soll." – „Aber es *hat* doch spezielle Moralen gegeben." – „Richtig. Dort, wo das Ganze, das Gebäude, als endgültig bereits vorausgesetzt wurde. Zum Beispiel im Thomismus. Dort ist aber dann das Sonderthema, zum Beispiel ‚Geschlechtsmoral', bloßer Anwendungsfall." – Das gab er zu. – „Da ich aber nicht weiß", schloß ich, „was für ein Gebäude Sie sich vorstellen ... als geboten meine ich; und wen oder was Sie als Sanktions-Instanz anerkennen, kann ich Ihnen zu meinem Bedauern auch keine innenarchitektonischen Vorschläge machen.“

*

Sehr wohl war mir nicht, ihn mit dieser Hegelei, diesem ‚Das Ganze ist das Wahre‘ nach Hause zu schicken. Als ich aber heute durch einen Dritten erfuhr, daß es gar nicht theoretische Zweifel gewesen waren, die ihn zu mir gebracht hatten, sondern spezielle dringliche Fragen, die seine achtzehnjährige Tochter betrafen; und daß ich ihn in seiner Ouvertüre unterbrochen hatte, noch ehe er seinen Vorhang hatte hochziehen können, da war mir sehr unbehaglich. Was nutzt einem Manne das Gerede von einem System, das er nicht hat, wenn er von heute auf morgen wissen muß, was er seiner Tochter raten soll? Zuweilen scheint mir, das Wort ‚System‘ ist nicht nur ein Gutschein für die Lösungen der wichtigsten Fragen, sondern ein verbrämendes Wort für deren grundsätzlichen Aufschub.

23. März

Klassenraum. – Ganz gleichgültig, worüber man diskutiert: Läßt man auch nur für einen Augenblick die Diskussionszügel locker, schon stürzen die Gäule in den Graben der Psychoanalyse. Es ist, als trügen die Studenten den Graben ständig bei sich. Denn daß er von sich aus neben meiner philosophischen Straße entlanglaufe, das ist vollkommen ausgeschlossen. „Sie sind eben noch nicht erlöst“, fand also ein Zwanzigjähriger. „Durch die Analyse mein ich. Von Ihrem blinden vorgestrigen Glauben an die Verbindlichkeit der sogenannten Moral.“ – Woraufhin er diese großen Worte sprach, weiß ich nicht mehr; und es ist auch belanglos. –

„Noch nicht“, wiederholte ich traurig.

„Sondern?“

„Mißverstehen Sie mich nicht“, begann ich. „Für die Tatsache, daß die Kontinente nicht synchronisiert sind, mache ich Ihnen keinen Vorwurf. Ich finde auch nichts Lächerliches darin. Aber sehen Sie: Die philosophische und wissenschaftliche Aufweichung der Moralsanktionen war in Europa eine akute Krankheit seit dreihundert Jahren. Seine Krise hatte das Moralbewußtsein bereits vor hundert Jahren erreicht. Die Frage, wer und was Moral noch verbindlich mache, hat schon unsere philosophischen Urgroßväter gequält. Denn kirchengläubig war von ihnen fast keiner mehr. Und, wie Sie, direkt aus der Kirche ins Laboratorium zu stolpern, dieses geschichtliche Pech hatte kaum einer. Zum großen Teile kamen sie auch aus Ländern, deren Sexualmoral nicht annähernd so schroff war wie die Eurer Vorfahren; wenn sie sich den Kopf zerbrachen über die Verbindlichkeitsquelle, dachten sie weder ans Sexuelle, noch hatten sie den jämmerlichen Wahn, mit der ‚Entlarvung' der Sexualmoral das unvergleichlich viel breitere Moralproblem irgendwie erledigen zu können. – Wie gesagt, einfache Nachbeter autoritativer Moral war nicht einer dieser Philosophen – ganz gleich, wen Sie, empört über diese frühe ‚Progressivität' nachschlagen; ob Kant oder Nietzsche. –

Natürlich, zur Massenerscheinung und zur praktischen Anwendung (mit Leichenherstellung und -verwendung) war die Moralskepsis damals noch nicht vorgeschritten. Immerhin, ein Titel wie „Jenseits von Gut und Böse" sollte Sie ein bißchen bedenklich machen. –

‚Vorgestrig' haben Sie mich genannt. Begreifen Sie nicht, daß ‚vorgestrig' in unseren Augen diejenigen scheinen müssen, die erst gestern, auf Grund der Psychoanalyse, das Rinnen im Gemäuer gehört haben, obwohl der Donner des Einsturzes schon längst verhallt war?"

Er war sehr besorgt um seinen avantgardistischen Platz. „Sie wollen also behaupten", versuchte er, „daß unsere progressive ..."

„Genau das", unterbrach ich ihn, denn diese Vokabel war mir schon Aussage genug. „Das ist eben das gespenstig Vorgestrige an Euch Weltanschauungsanalytikern, daß Ihr die Entlarvung moralischer Maßstäbe noch immer eo ipso mit ‚Fortschritt' gleichsetzt. Euren verspäteten Erfolg leugne ich gar nicht. Daß der verspätet aus dem Gestern ankommende Bote von den ganz Ahnungslosen als die Vorhut des Morgen applaudiert wird, ist geschichtliche Regel.“

Er runzelte die Brauen.

„Ich werde Ihnen ein Beispiel geben. Nach dem Ersten Weltkrieg ‚entdeckten‘ die Deutschen Dostojewski. Sie wissen, Dostojewski stellte vor hundert Jahren die großartigste Reaktion (‚Reaktion‘ im doppelten Sinne) auf die Europäisierung Rußlands dar. Die Deutschen aber erkannten in seinen Figuren den ‚neuen Menschen‘. Schwer zu entscheiden, ob man von diesen deutschen Dostojewskianern sagen soll, sie seien ‚schon‘ bei Dostojewski angelangt oder ‚noch‘. Wahrscheinlich beides.“

„Und das gleiche, meinen Sie, gilt von unserer Beschäftigung mit der Analyse?“

„Richtig. – Und ebenso ist es die Regel, daß wer (gar nicht durch eigenes Verdienst, sondern durch seine kulturgeschichtliche Herkunft) bereits woanders ist, als Nachtrab mißverstanden oder verhöhnt wird. Wir Europäer zum Beispiel, die wir vor mehr als einer Generation durch die Analyse gegangen sind. Im Radrennen kommt es oft vor, daß derjenige Renner, der fast eine ganze Runde mehr gemacht hat als die anderen, *hinter* den anderen Rennern zu radeln scheint.“

„Beispiele“, sagte er.

„Schön. Ich will Ihnen ein privates Beispiel geben. Als man hier um 1945 Kafka ‚entdeckte‘, meine europäischen Freunde und ich aber auf den Schatten des Schattens nur schulterzuckend reagierten, da prophezeite man uns wissenden Blickes, auch uns würden schon noch die Schuppen von den Augen fallen.“

„Und?“

„Und als sie dann durch Zufall erfuhren, daß wir bereits zehn Jahre früher vor dem, zur Mode werdenden, Mißbrauch des längst verstorbenen Dichters gewarnt hatten, da waren sie gekränkt. Dabei liegt uns nichts ferner, als uns der ‚frühen Warnung‘ zu rühmen. In anderen Worten: *Für jedes Land ist das Gestern des anderen Landes eine Art Zukunft.* Wenn Sie heute nach Paris kämen und die Entdeckung Melvilles durch die Avantgardisten miterlebten, würde es Ihnen genauso gehen wie es uns mit Kafka in Amerika geht."

„Vielleicht. – Und was haben Sie gegen die Diskreditierung der Moral, wie wir sie in der Analyse versuchen?"

„Daß sie sich, seit bald zwanzig Jahren, entsetzlich diskreditiert hat. Die Diskreditierung meine ich. – Da Sie die Verdrängung, also das Verdrängende und dessen ruinöse Wirkung abmontieren wollen, müssen Sie doch wohl zugeben, daß (wenn Sie mit dem Ausdruck ‚moralisches Ziel' noch irgend etwas verbinden) Ihr moralisches Ziel in rein physischer Gesundheit besteht."

„Und?"

„Und ist Ihnen niemals aufgefallen, in wessen bluttriefenden Händen diese Gleichung von ‚gesund' und ‚gut' in den letzten Jahren gelegen hat?"

„Bluttriefenden?"

„Gewiß. In den Händen Hitlers." –

*

Er war sprachlos. Die Zusammen-Nennung des großartigen (und zweifellos sogar moralistischen) Forschers mit Hitler schien ihm einfach wahnsinnig.

„Wir alle", erklärte ich, „auf wie endgültig entgegengesetzten Fronten wir auch stehen, sind Erben des Naturalismus des neunzehnten Jahrhunderts; und zwar Erben, die das Erbstück der Skepsis zur vulgären Erbmasse gemacht und den Zweifel in ein Dogma zurückverwandelt haben."

Er blickte mich noch immer entgeistert an.

„Mißverstehen Sie mich nicht. *Die Analytiker wollen die Krankheit ausmerzen. Die Nationalsozialisten haben die Kranken ausgerottet.*"

„Daß Sie Unterschiede betonen. So als verstünde sich das Gemeinsame von selbst."

„Zuweilen ist das nötig. Wir dürfen uns nicht blind machen gegen den Generalnenner, den die gemeinsame Generation geschaffen hat. – Thomas Mann hat einmal in einer Rede – und wahrscheinlich ahnte er, wie böse er mißverstanden werden würde – Hitler als ‚Bruder' bezeichnet. Ich bin überzeugt, er wußte, was er meinte."

„Und worauf steuern Sie los?" fragte er mit zusammengezogenen Brauen.

„Daß die Schwaden der Öfen sich noch nicht verzogen haben. Daß die einzige heutige Aufgabe in einer Neuformulierung der Moral bestehen muß, und wenn wir sie in der Luft verankern müßten."

*

Nach diesem Ausbruch hielt er seinen Mund und setzte sich. „Fixe Idee", dachte er wohl, da er spürte, daß es mir um etwas ging. Aber wie hätte er es auch wirklich begreifen können, da er nicht weiß, was sich in Europa abgespielt hat. Oder da er es eben nur ‚weiß'.

30. März

„Aber Moral ist doch etwas ganz Künstliches!" rief eine der am laufenden Bande hergestellten Studentinnen.

„Richtig. – Aber warum ist das ein Vorwurf? Moral *will* künstlich sein; und *muß* künstlich sein; genauso künstlich wie Ihr Wagen, den Sie ja auch nicht vom Baum gepflückt haben; oder wie Ihre Schreibmaschine; oder Ihre Theorie. *Künstlichkeit ist nicht die Schande, sondern die Ehre der Moral.* Da wir Menschen nämlich nicht fertig geschaffen sind: zwar gesellschaftlich geboren werden, aber ohne daß eine bestimmte Gesellschaftsform für uns vorgesehen wäre, haben wir die Form und ihre Regeln selber herzustellen; das heißt also ‚künstlich'. *Vielleicht gehört solche ‚Künstlichkeit', wenn wir Menschen eine ‚Natur' haben, sogar zu unserer ‚Natur'.* Aber die Idee, daß die Moral, weil sie nicht ‚natürlich' sei, ein ‚Vorurteil' darstelle, ist Vulgär-Rousseauismus, wie er nur in den allerkünstlichsten Gesellschaften zur Blüte kommt. Stünde ich an Ihrer Stelle, ich wäre etwas weniger kühn.

Ihre Apotheose des ‚Natürlichen' ist Ihnen derart künstlich eingebleut, daß, verglichen mit dieser Künstlichkeit, die überlieferten Moralgefühle, zum Beispiel Scham oder Rücksicht, geradezu wie Feldblumen wirken."

„Aber die sind doch Vorurteile", rief das weibliche Vorurteil.

„Richtig. – Aber *könnte es nicht ein Vorurteil sein, daß Vorurteile an sich von Übel sind?*"

„Ein Vorurteil?" Ihr Mund blieb offen. So eingehämmert war ihr das Vorurteil über Vorurteile. Natürlich nur das theoretische Vorurteil: Denn ihr Aussehen, ihre Redewendungen enthielten Nicht-Vorurteilhaftes höchstens in Restbeständen, so wie ein in Massenproduktion hergestelltes Objekt ‚Individuelles' höchstens als einen Fabrikationsfehler enthält.

„Sie verteidigen Vorurteile?" stöhnte das Vorurteil ungläubig.

„Was sind denn Vorurteile?" fragte ich nüchtern.

Sie blickte um sich, um auszufinden, ob die Frage zu denen gehörte, die man beantworten können muß.

„Was sind sie denn anderes", antwortete ich an ihrer Statt, „als Urteile, die Menschen für andere Menschen bereits gefällt haben . . . so daß nicht jeder noch einmal bei A anzufangen braucht. Vorurteile können gut sein oder schlecht. Wie nennt man denn gute, die das Leben erleichtern?"

Von neuem blickte sie sich im Kreise um. Sie wurde unsicher.

„Es ist ein Vorurteil", meinte ich, „daß man nur dasjenige wisse, was auch den anderen eingepaukt worden ist. Blicken Sie sich einmal vorurteilslos in der Welt um. Also: Was sind Vorurteile, die das Leben erleichtern?"

„In der Welt?" wiederholte sie, befremdet, daß sie etwas wissen sollte, was nicht zum Pensum gehörte; und ein Faß anzapfen sollte, das nicht zu den von der Schule empfohlenen Erkenntnisquellen gehörte.

„*Sitten*", antwortete ich schließlich selber.

„Ach so", meinte sie. Dann zuckte sie mit ihren Schultern, als fände sie die Frage läppisch, weil außerhalb der Schule jeder sie beantworten kann.

„Aber entscheidend“, schloß ich, „ist hier etwas anderes. Daß nämlich *Ihre Verwerfung des Künstlichen ganz und gar künstlich* ist: daß Sie sie mitmachen, weil es heute so Sitte ist. Zur Verteidigung der Natur und des Triebes sind Sie durch die Gesellschaft getrieben. Und wenn Sie glauben, daß Sie weniger durch Vorurteile bestimmt seien als Ihre Großeltern, dann irren Sie sich gewaltig. Nur daß Sie eben das Vorurteil haben, keines zu haben, weil man keines haben darf. ‚Man‘. ‚Darf‘. Subjektiv ist das gewiß keine Verlogenheit Ihrerseits. Aber geschichtlich gesehen wird diese Haltung einmal als kollektive Unehrlichkeit gebucht werden.“

Zum dritten Male blickte sie sich im Kreise um, um sich zu vergewissern, wie die anderen auf diese, ihr unverständliche, Rede reagierten. Aber die anderen reagierten genauso wie sie: sich vergewissernd, wie die anderen reagieren würden. Und da keiner aus dem Benehmen des anderen ein Vor-Urteil über meine Thesen entnehmen konnte, waren sie alle wie erlöst, als die Stunde aus war.

März

Kam zufällig durch den Zoo im Zentralpark. – Auch wer nur ein einziges Mal Tiere in flagranti ertappt hat, müßte begreifen, daß unser Geschlechtsleben nicht weniger menschliches Monopol ist als unser seelisches und geistiges.

Natürlich gibt es Sexus dort wie hier, im tierischen wie im menschlichen Leben. Aber uns deshalb ‚tierisch‘ zu nennen, ist ein kläglicher Trugschluß. Schon der Platz, den der Apfel der Erkenntnis bei uns einnimmt, macht ihn zu einer Frucht sui generis. – Da er bei uns in den Ästen der Sprache hängt, in den Ästen der Wählerischkeit, der Scham, der Rücksicht, der Erinnerung, der Kunst, der Freiheit; und da er von allen diesen Ästen miternährt wird, wird er geradezu zum Triumph der Humanität: Nichts beweist die Kraft des Menschen überzeugender, als daß er das mit den Tieren Gemeinsame in die Sphäre des Spezifischen hinaufheben kann. Mit hundert Einzelzügen könnte man die Humanität des Sexus belegen: Daß wir dabei einander *anblicken*, nicht nur einander sehen können; daß wir *jemanden* lieben, nicht nur zu lieben lieben oder gar nur lieben müssen; daß wir *nicht zwei Vorderläufe* haben, sondern *Arme*, frei für Zärtlichkeiten; daß wir frei sind, den *Winter zum Frühling*, den Tag zur Nacht zu machen, statt uns von der plötzlichen Flutwelle der Brunstzeit hochwerfen zu lassen; daß wir, *durch Tabuierung, die körperliche Spannung raffiniert steigern* und daß wir die Entspannung in Heiterkeit verwandeln. *Es gibt nichts Menschliches, das nicht sein Licht oder seinen Schatten auf jene Wurzeln würfe, die wir teilen mit dem vor-menschlichen Leben.*

Fände ein Wesen nach dem Untergange der Menschheit kein einziges Werkzeug, keine Vasenscherbe, keinen Religionsrest und nichts, was von Satzungen meldete – ein einziger mumifizierter Liebesbrief, und wäre er noch so banal, würde ihn zwingen, uns als einem Sonderwesen, als *animal amans*, eine eigene Nische anzuweisen.

30. April

War neulich mit L.'s Jungen im Zirkus. Was ihn am meisten faszinierte, waren die zur Blasmusik auf ihren Hinterbeinen stelzenden Pferde. Noch für Tage spielte er Zirkuspferd: mit zurückgeworfenem Kopf, als risse ihm die Kandare durch den Mund, mit eingeknickten Armen, in bebendem Krampf, als müßte er jeden Augenblick nach vorne zurückfallen; so machte er, unbekümmert um die Passanten, seinen Weg zur Schule. Ob ihm etwas schwante von der Revolution, die unser aufrechter Gang darstellt?

Selbst uns ist es ja kaum bewußt, welch großartige Künstlichkeit darin liegt, den Leib nach oben zu werfen und, ‚gebäumt' bleibend, das Unten zum Vorne, das Vorne zum Oben, das Hinten zum Unten zu machen. Ja, natürlich hat das die Anthropologie schon immer aufgegriffen als ‚spezifische Differenz' des Menschen; aber der aufrechte Gang ist eben weit mehr als das: etwas so Grundlegendes, daß einfach *alles Menschliche* von ihm aus verstanden werden kann. (Was freilich nicht bedeutet, daß alles ‚durch ihn erklärt' werden könne: Denn *daß* der Mensch sich aufrichtet, ist selbst bereits eine ‚Handlung', keine einfach ‚physiologische Tatsache'.)

Alles verdeutlicht er:

Erst einmal ist er Befreiung vom Erdboden;

dann: Befreiung eines Organs (des Vorderlaufs) von einer bestimmten Funktion; aber nicht etwa Befreiung für eine bestimmte neue Funktion (entsprechend der Verwandlung der Flossenfunktion in Fußfunktion); sondern *Befreiung für alles mögliche*; für alles und für mögliches.

Nun hängt *die Hand ‚im Freien', frei für die Be-handlung der Welt*; frei zum Begreifen der Gegenstände; also:

frei für ‚*Begriff*';

frei, Gegenstände zu *halten*; sie in der Zeit zu identifizieren; also sie *aufzubewahren*; also sie zu *haben*; sie zu *gebrauchen*, ohne sie tierisch unmittelbar zu *verbrauchen*;

frei zum *Herstellen*, also:

frei für die *Idee*. Denn was ist ‚Idee' anderes, als das vorbildliche Bild dessen, was man herstellt? – Also:

In einem einzigen Blicke bietet sich aufrechter Gang als homo faber–Sein und Geist. Die Menschkriterien, die sinnlos nebeneinander behandelt worden waren, enthüllen sich als ein einziges Kriterium.

4. Mai

Wichtigste Folge des aufrechten Ganges ist also: *Freiheit der Hand. Ohne diese Freiheit*, die die gesamte Humanität des Menschen bedingt (nämlich sein Verhältnis zur Welt, das in ‚Behandlung' besteht), *wäre auch die menschliche Liebe*, gleich, ob wir an die tröstende Hand denken oder an die verführende, *niemals human*.

Keinen hoffnungsloseren Anblick gibt es, als den von Tieren, denen Körperbau und Körperhaltung das verwehrt, was ihre Zärtlichkeit verlangt. – Neulich im Zoo das Pony, das ausgestreckten Halses über den Nacken seines Zwillings hin- und herkosend, verzweifelt schien, eben weil ihm *nicht mehr gegönnt war, als nur anzudeuten, was es meinte.* – Wie tröstlich war es danach, zu den Bären zu kommen, denen aus unerfindlichen Gründen mehr gewährt ist: Die Bärin hielt ihre zwei Kleinen in ihren Armen. – Wenn uns der Bär, trotz seiner notorischen Gefährlichkeit ‚näher' scheint als Löwe oder Tiger, wenn er uns rührt wie ein tolpatschiges Kind, so eben, weil er schon beinahe ‚frei' ist für Zärtlichkeiten. Und siehe da: Im Unterschiede zu Löwe oder Tiger gehört es bereits zu ihm, sich aufzurichten; wenn auch nur halb und vorübergehend, so als habe er das letzte Examen im aufrechten Gang doch noch nicht bestehen können. –

Und nun *wir.*

Gibt es auch nur eine einzige Liebesgeste ohne den für die Liebe freien Arm? Ohne die für die Liebe freie Hand? Wo soll man da anfangen? Damit, daß wir uns schon aus der Entfernung entgegenwinken können? Oder damit, daß wir einander die Hand reichen oder einander bei den Händen halten können? Also Nähe und Distanz verbinden können? Denn Hand *in* Hand, oder Arm *in* Arm – das ist ja mehr, mindestens anderes, als nur augenblickliches Aneinanderdrängen: nämlich Zusammengehörigkeit; Zusammengehörigkeit, die jeden doch noch als ihn selbst ‚freiläßt'. – Nichts dergleichen habe ich je bei Tieren gesehen.

6. Mai

Wie soll man nur die hier passenden Ausdrücke finden? Worte, die die Sache: das Geschlechtliche, bezeichnen, gibt es zwar. Aber die wissenschaftlichen sind hier ebenso mal à propos wie die zotigen. Hier von Koitus zu sprechen, wäre, wie wenn der Lyriker statt vom Sterben vom exitus redete; oder wie wenn Homer statt des Hammelmahles die Kalorien besänge. –

Scheußlich kreuzt man im Leeren zwischen der Scylla der Medizin und der Charybdis des Ordinären. Zwischen den beiden hat das Tabu ein Sprachvakuum gelassen. –

Und selbst diese beiden Vokabulare setzen bereits das Tabu voraus: die Zote durch Anspielung; das wissenschaftliche Vokabular durch latinisierende Entfremdung. Der Arzt kann darüber sprechen und der Matrose. Muß man den zweien das Monopol überlassen?

8. Mai

Für weit mehr macht uns die Hand ‚frei'. – Verfluchte Wort-Tabus. – Also für die Zärtlichkeiten im faire l'amour, für die Zärtlichkeiten, die nun das Zusammensein zu etwas völlig Untierischem machen, zu etwas, was sich von der ‚Begattung' genauso unterscheidet wie, sagen wir, Lyrik sich unterscheidet vom Lockzirpen der Grille. –

Daß nun aber dieses menschliche Monopol der Zärtlichkeit möglich ist, hängt, außer mit der Freihändigkeit mit einem factum brutum zusammen, das wie eine Laune der Natur aussieht, die jedem Versuch philosophischer Deutung widersteht: nämlich mit unserer *Pelzlosigkeit.* Wir sind ja, vermutlich zum Ekel der Tiere, ‚*Glatzköpfe am ganzen Leibe*' (Aristophanes?). Dieser Defekt ist wirklich bemerkenswert, wenn man bedenkt, daß fast alle (mindestens alle höheren) Wesen eine schuppige, fedrige oder haarige Außenwand haben, die sie als ‚sie selbst' gegen die Welt absetzt und vor der Welt schützt. Wenn auch diese Zone bei uns ‚freigelassen' ist, so bedeutet das, daß wir *nicht nur*, wie Adam und Eva, *unsere Nacktheit erkannt* haben, sondern daß wir eben *tatsächlich nackter* sind *als die Tiere.* Diese Nacktheit exponiert uns nun und macht uns zu äußerst sensiblen und ‚zarten' Geschöpfen: Und diese ‚Zartheit', verbunden mit unserer Freihändigkeit, gibt uns die Chance gegenseitiger Zugänglichkeit und Zärtlichkeit, die wieder ein menschliches Monopol ist. Was liebende Menschen einander Gutes antun können, an Freude, Erregung und Besänftigung, unterscheidet sich von allen tierischen Möglichkeiten so grundsätzlich, daß man nur wiederholen kann: Als ‚animal amans' ragt der Mensch ebenso über die Tierwelt hinaus wie als ‚animal rationale'.

9. Mai

Dazu kommt etwas weiteres; und zwar wiederum etwas, was sowohl mit Freihändigkeit wie mit Nacktheit zu tun hat: daß sich nämlich der Mensch Kleider macht. Tiere sind ebensowenig nackt wie angezogen; sie sind neutral. Spezialkostüme für die Liebe sind ihnen nicht gegönnt... während *der Mensch die Chance hat, für die Liebe ein ‚ganz anderer' zu sein als gewöhnlich, nämlich nackt.* Die armseligen Nacktkultur-Propheten propagieren nicht eigentlich Nacktkultur, sondern vielmehr einen Zustand, in dem diese Kulturfunktion der Nacktheit abgeschafft ist: Sie versuchen, auch der menschlichen Nacktheit die tierische Neutralität zu verleihen. Sie sind vom Naturalismus des neunzehnten Jahrhunderts verwirrte Enkel des Puritanismus, die durch die Veralltäglichung des Spezialkostüms der Erotik jedes Monopol zu entziehen wünschen. Es ist nur gerechte Strafe, daß sie sich, wenn sie angezogen zum Standesamt wandern, zu Tode voreinander schämen: denn *so* haben sie einander noch niemals gesehen.

10. Mai

Die ‚Genesis'-Geschichte stellt alles in umgedrehter Reihenfolge dar. Adam und Eva konnten ihre Nacktheit nur deshalb ent-decken, weil sie sich zuvor be-deckt hatten: Und nun erst öffnete sich für sie das Paradies.

2. August

Nach langer Pause wieder einmal einen Roman lesend, stieß ich auf die offenbar unvermeidlichen drei Punkte, die dem Satz: „Und sie sanken einander in die Arme" zu folgen pflegen, um dem Leser anzuzeigen, daß nunmehr der Tabuvorhang sinkt, hinter dem sich alles Wünschenswerte abspielt. – So jedenfalls versteht man gewöhnlich die drei Punkte. Zu Unrecht. Hinter dem plötzlichen Schweigen des Romanciers steht noch etwas anderes. Folgendes:

Als Don Lisardo, dessen Leistungen denen seines Vetters Juan in nichts nachgestanden hatten, im Turm sitzend auf seine Hinrichtung wartete, erschien, eine Pergamentrolle unter dem Arm, höflich sein alter Richter, um ihm mitzuteilen, daß ein letzter Ausweg vielleicht doch noch offen stünde. „Ob Sie meine Begnadigungsbedingung billig finden oder nicht", sprach er, „das ist Ihre Angelegenheit. Aber Sie sind frei, wenn Sie mir über jedes Ihrer Abenteuer wahrheitsgetreu und detailliert berichten."

Lisardo glaubte, falsch gehört zu haben. Was wäre leichter als das? dachte er. Und da er sich die Sache anders nicht zu erklären wußte, vermutete er, an einen alten Lüstling geraten zu sein, der es liebte, aus den kalten Überresten dessen, was andere getafelt hatten, seine bescheidenen Freuden zu beziehen. Er gab ihm einen komplizenhaften Blick und sprach: „Das kann geschehen."

„Wenn Sie glauben", meinte der Alte ominös. „Ich hoffe, ich habe mich deutlich genug ausgedrückt. Was vorher geschehen ist, das interessiert mich nämlich nicht. Nicht, was sich abgespielt hat, als Sie die Erste auf dem Balkon entdeckten. Und ebensowenig, was Sie getan haben, um die Zweite zu beschwatzen. Und ebensowenig, wie die Dritte sich geziert hat, ehe sie bereit war. Und genausowenig interessiert mich, was nachher eingetreten ist. Wie die Neunhundertsiebenundneunzigste sich erniedrigt hat, um Sie zu behalten. Oder wie die Neunhundertachtundneunzigste Sie bedroht hat, als sie erkannte, daß Sie ihrer bereits überdrüssig zu werden begannen. Oder wie die Neunhundertneunundneunzigste sich vergiftet hat. Ebensowenig interessieren mich schließlich spezielle Griffe oder Positionen oder andere Rafinessen, auch dann nicht, wenn Sie deren Erfinder gewesen sein sollten. Derlei können Sie sich ebenfalls ersparen."

„Sondern?" fragte Lisardo erstaunt.

„Was ich benötige", erläuterte der Richter, „sind *Berichte über die Sache selbst.* Ich meine: Über die Höhepunkte selbst. Sie verstehen schon, was ich meine."

„Und ob!" antwortete Don Lisardo prahlerisch.

„Sehen Sie! Und die haben ja schließlich auch im Mittelpunkt Ihres Lebens gestanden."

„Gewiß.“

„Und da Sie ja eine ansehnliche Sammlung angelegt haben ...“

„Gewiß“, wiederholte Lisardo, weiter prahlend.

„Und da ich nicht vermute, daß Sie, Feinschmecker der Sie sind, immer das Gleiche gesucht oder überall das Gleiche gefunden haben ...“

„Nein, ganz gewiß nicht“, meinte Lisardo geschmeichelt.

„Und da ich annehmen zu dürfen glaubte, daß jeder Höhepunkt Ihrer Abenteuer sui generis gewesen ist und sich von jedem vorhergehenden unterschieden hat, und zwar beträchtlich – wozu hätten Sie sich denn sonst der Vervollständigung Ihrer Sammlung so unermüdlich gewidmet ...“

„Gewiß.“

„... deshalb habe ich es mir erlaubt, die Pluralform zu benutzen und von ‚Höhepunkten‘ zu reden.“ – Nachdem er so gesprochen, entrollte er das Pergament, buchstabierte einen Namen, gewiß den der Ersten, und legte den Kopf zur Seite. „Bin ganz Ohr.“

*

Den Namen der Stadt, in der er die Erste getroffen hatte, fand Lisardo auf seiner Zungenspitze. Den weißen Platz vor der Kathedrale konnte er gleichfalls rasch heraufbeschwören. Auch *sie* entdeckte er ohne Umstände in der Menge, und bei genauerem Hinsehen erkannte er sogar, wie sie langsam ihren Ringfinger hob, um das Zeichen, das er ihr gegeben, zu beantworten. Sie in das Landhaus zu geleiten, machte gleichfalls keine Schwierigkeiten. Er erkannte einen Mohrenkopf als Klopfer am Haustor und beim ersten Blick in das abgedunkelte Zimmer einen kerzenflackernden Leuchter. Während er leichtfertig behauptete: „Herr Richter, Ihre Bedingungen sind außerordentlich billig“, wehten ihm sogar einige Fetzen seines ersten Verführungsgesprächs mit ihr zu, wenn man seine niederträchtig väterlichen Beruhigungsworte ein ‚Gespräch‘ nennen darf.

„Ich warte“, sagte der Richter.

Lisardo ließ ihn noch etwas warten. Denn als er gerade leichtfertig sagte: „Also von hier an habe ich zu erzählen“, überkam ihn zu seiner Überraschung eine kleine Gedächtnisschwäche, eine ganz geringfügige Verdunkelung. Aber obwohl er diese mit dem Finger aus dem Auge zu wischen versuchte und sich bereits ankündigend räusperte, war es ihm, als wenn doch der Mechanismus seines Erinnerns nicht weiterlief. „Also das habe ich gesagt“, wiederholte er zu sich selber, um sich wieder in Gang zu bringen, „und was hat *sie* geantwortet? Oder hat sie geweint?“ Und er kam zurück auf seine letzten Worte.

„Ich warte“, wiederholte der Richter.

„Sofort!“ bat Lisardo, bereits ein wenig beunruhigt. „Wenn Sie sich ein wenig gedulden wollen.“

„Das ist nicht praktisch“, meinte der Richter. „Aber lassen Sie sich keine grauen Haare wachsen. Auf Ihre Erste können wir ja nachher noch einmal zurückkommen. Wie wäre es mit Nummer zwei?“ Er entzifferte den Namen.

„Richtig“, sagte Lisardo bereitwillig. Er hatte das Gefühl, rasch sein erstes Versagen gutmachen zu müssen. „In Toledo.“

„Möglich“, meinte der Richter, „aber der Platz gehört nicht zur Sache.“ „Wie steht es mit der Dritten?“ Und er buchstabierte von neuem.

„Die Witwe“, ergänzte Lisardo, obwohl er voraussah, daß auch diese Bemerkung als ausreichend nicht akzeptiert werden würde, und versuchte sich des Höhepunktes mit der Dritten zu entsinnen. Aber besser als der erste und der zweite Versuch gelang ihm auch dieser nicht. Immer wenn er das Dunkel zu lüften hoffte, kam es ihm vor, als wenn sich ein Vorhang niedersenkte und nicht nur diese eine Nacht und diesen einen Höhepunkt verhüllte, sondern alle; nein, als wenn es sich eigentlich gar nicht um so viele Nächte handelte, die da hinter dem Vorhang lagen, sondern eigentlich nur um eine einzige.

„Ich warte“, wiederholte der Richter.

„Sofort!“ bat Lisardo, nun schon etwas nervöser. „Also die Witwe“, stotterte er. Aber was er vorfand, war eigentlich nur eine einzige Nacht, nein, noch nicht einmal eine einzige besondere, vielmehr schienen in seiner Erinnerung alle Nächte zusammengeflossen zu sein und sich zu einer einzigen undurchdringlichen Nacht verdichtet zu haben.

*

Wie lange sie schweigend einander gegenübergesessen haben, der Richter höflich und unerschütterlich, Don Lisardo sehr viel weniger souverän, das teilt uns der spanische Erzähler nicht mit. Aber was nach dieser Pause gesprochen wurde, das wissen wir. –

„Von dem Leben, das Sie geführt haben", sprach der Richter schließlich, und er erhob sich, „scheint nicht gerade sehr viel übrig geblieben zu sein."

„Doch!" schrie da Lisardo, der nun seine Selbstkontrolle verlor. Und: „Sofort!"

Der Richter aber schüttelte den Kopf und fuhr in versöhnlicherem Tone fort: „Ist es nicht tröstlich für Sie, zu wissen, daß, was wir Ihnen morgen nehmen, nichts sein wird als eine leere Hülse? Und zu wissen, daß, wenn wir Überlebenden Ihr Leben bald vergessen haben werden, unser Vergessen nichts anderes sein wird als die Fortsetzung Ihrer eigenen Vergeßlichkeit?"

„Nein!" schrie da Lisardo und hängte sich an den Rockärmel des Mannes.

Der Richter aber streifte den sich so würdelos Aufführenden ab und schloß: „Aber wie können Sie so etwas behaupten, Don Lisardo? Wo Sie *Ihr Leben auf eine unerinnerbare Karte gesetzt* haben?" Und verbeugte sich. Draußen aber hämmerte man bereits am Gerüst.

*

Diesen Abschluß der Geschichte finden wir freilich in der spanischen Chronik nicht. Zwar die Erzählung vom Versagen der Erinnerung, die habe ich aus ihr übernommen. Nicht dagegen die Aufklärung dieses Versagens. Was der Text uns bietet, ist, wie ich vermute, eine Fälschung: nämlich die Geschichte von einem reuelosen Bösewicht, den ein Richter mit den Mitteln der schwarzen Kunst um alle Erinnerung betrogen hatte, um ihn des Nachgenusses und der Eitelkeit zu berauben. Nun, die Einführung der Magie hätte der Erzähler sich ersparen können. Aber vielleicht hat er dies deshalb nicht getan, weil er die Wahrheit der Geschichte als zu kraß empfand oder wegen deren Kraßheit nicht wahrhaben wollte. Vielleicht war es ihm unangenehm, zuzugestehen, daß das Versagen des Bösewichts kein Einzelfall war; daß dieses mit der angeblichen Bosheit des angeblichen Bösewichts überhaupt nichts zu tun hatte; daß es vielmehr keinen einzigen Mann gibt, dem dieses Versagen erspart bleibt: daß *keiner* nämlich *fähig ist, die Sache selbst festzuhalten, sich also der Höhepunkte zu entsinnen.* Wirklich ein Glück, daß dem Autor die Unterschlagung nicht vollständig gelungen ist und daß durch die Farben seiner Übermalung die philosophische Hauptkontur der ursprünglichen Wahrheit noch hindurchscheint. Mein Eigentum ist die Geschichte also nicht. Es sei denn, man rechne die Restaurierung eines Bildes einem Maler als eigenes Bild an.

4. August

In den letzten sechzig Jahren experimenteller Psychologie haben sich ganze Kalkgebirge erinnerungs- und gedächtnispsychologischer Ergebnisse sedimentiert. Aber ‚Dauer' und ‚Genauigkeit' des Erinnerungsbildes hatten so ausschließlich im Fokus der Untersuchungen gestanden, daß die gedächtnisphilosophische Hauptfrage noch nicht einmal über dem Horizont auftauchte, geschweige denn ihre Antwort fand. Diese Frage hätte lauten müssen: „*Ist Gedächtnis inhalts-neutral? Sind alle möglichen Erfahrungsinhalte gleicherweise und gleichermaßen erinnerbar? Benötigen alle Erfahrungsinhalte gleicherweise und gleichermaßen, erinnert werden zu können?*" – Selbst den Ausdruck ‚Erinnerbarkeit' würde man in den Sachregistern der Lehrbücher der Psychologie vergeblich suchen. Begreiflicherweise. Da die Experimentatoren die Erinnerung derart isoliert hatten, daß diese gar keine

Funktion (innerhalb eines größeren funktionierenden Ganzen) mehr darstellte, konnte auch die Frage nicht auftauchen, ob es nicht vielleicht *Inhalte* geben könnte, *an die sich zu erinnern sinnlos* wäre; Inhalte, die eo ipso *erinnerungsunbedürftig, und aus diesem Grunde unerinnerbar* wären; vielleicht sogar *Inhalte, die der Bewandtnis der Erinnerung geradezu entgegenstünden.* –

Am nächsten ist dieser Fragestellung wohl Freud gekommen. Durch seine Theorie der ‚Verdrängung' hat er immerhin das Nicht-Erinnern aus einem bloßen Versagen in eine positive Leistung, aus einem passiven Verlieren in ein aktives Fortstoßen verwandelt. Aber auch dieser Schritt reicht nicht aus: Wenn Freud die Wirklichkeit einer zweiten, der Erinnerung entgegenarbeitenden Kraft zugestand, so widerlegte er damit nicht die Voraussetzung einer inhalts-neutralen Erinnerung, und die wollte er vermutlich auch gar nicht widerlegen. Tatsächlich zerren ja in seiner Spekulation Verdrängung und Erinnerung an einem und demselben Seile des Erinnerungsinhaltes – was beweist, daß seine ‚Verdrängung' Erinnerung als Gegenkraft voraussetzt.

Diese Voraussetzung könnte nun aber falsch sein. Denn es wäre ja durchaus denkbar, daß es *Seil-Enden gebe, die dem Erinnernden nicht greifbar sind, in dessen Hand nicht hineinpassen, diesem Griff geradezu widersprechen. Und das ist tatsächlich meine These.*

Was ich behaupte, ist nicht, daß sich, wie in den Augen der Psychoanalyse, das Nicht-Passen in vergeblichen Bemühungen und in Kämpfen äußere. Vielmehr, daß *sich die Erinnerung von sich aus an solche Inhalte gar nicht heranmache; daß der Mensch nur selten* und in künstlichen Situationen, wie etwa in der Lisardos, zu seiner eigenen Verblüffung *erfährt, was er nicht kann; was er sinnvollerweise nicht kann.*

Die Hypothese lautet also: *Begierde und Begierde-Erfüllung sind unerinnerbar.* – Das Sexuelle stellt dabei nur den äußersten Grenzrand eines viel breiteren erinnerungs-ungeeigneten oder geradezu -unzugänglichen Gebietes dar.

Das Gebiet als solches umfaßt erst einmal alle diejenigen Erfahrungen, die etwas mit dem eigenen Leibe zu tun haben. Versuche, Eigenleibliches, also etwa einen früheren Schmerzanfall, zu erinnern, scheitern grundsätzlich. *Alles Leibliche, das dem gegenwärtigen Zustand dessen, der sich zu erinnern versucht, ‚widerspricht', bleibt unrückrufbar.*

Ich sage: „widerspricht'. – Aber daß es sich hier nicht um logischen Widerspruch handelt, ist klar. Da Vorstellung und Erinnerung einen möglichen, mindestens einen nicht-wirklichen Inhalt zum Gegenstand haben; zu diesem Inhalt aber dessen wirklicher Ort (der Leib oder die Leibstelle) gehört, kann es plausiblerweise geschehen, daß der aktuelle leibliche Zustand eines Wesens die wirkliche Vorstellung des an diesen Leib gebundenen Inhalts unterbindet. Der alte Goethe wußte das, als er in einer Bemerkung in „Dichtung und Wahrheit" ausdrücklich mitteilte, daß er es sich versage, sich über die körperliche Leidenschaft genauer auszulassen.

Ich glaube nicht, daß über die Schranke, die der aktuelle leibliche Zustand des Organismus seiner Vorstellung (und Erinnerung) setzt, jemals etwas ‚gearbeitet' worden ist. Aber daß jedes Seiende und *jeder gerade akute Seins-Zustand*, nicht nur die Bedingung, sondern *auch die Grenze des von ihm Imaginierbaren* darstellt, wird im Grunde zugegeben, wenn man von den ‚Grenzen der Einfühlung' spricht. – In dieser Eintragung habe ich freilich nicht von Einfühlung in einen anderen gesprochen, sondern von der des Menschen in sich selbst; also von der Tatsache, daß ein Wesen (A) durch seinen Zustand (a) grundsätzlich verhindert sein kann, sich eines anderen eigenen Zustandes (b) zu entsinnen (z. B. des Zustandes ‚Orgasmus'). – Verallgemeinert lautet die These: *Nicht jeder Inhalt kann in jeder Situation erinnert werden.* – Was dagegen möglich ist und oft stattfindet, ist, in diesen Zustand (b) wirklich wieder zu geraten. ‚Wirklich': Denn es ist nicht das ‚Bild' des Zustandes, das nun wieder erscheint, sondern eben, mindestens in skizzierter Form, der Zustand selbst. –

Aber das Sexuelle ist nicht etwa der einzige un-erinnerbare Inhalt. Eine körperliche Sensation (etwa Schmerz oder Jucken) ist unvorstellbar, wenn sich im Augenblick des Vorstellungsversuches der Leibteil, der zum Bilde des Erinnerten mitgehören würde, tatsächlich in einem anderen (also z. B. schmerzfreien) Zustand befindet. Wahrnehmung blockiert Vorstellung. – Zwar mag man von einem Schmerz lange einen Schock zurückbehalten, aber dessen Fortdauer ist keine Erinnerung. Vielleicht erinnert man sich daran, daß man unter unerträglichen Schmerzen gelitten hat; aber dieses ‚Daß' ist eben nicht das ‚Was'. – In allen diesen Fällen handelt es sich um Zustände, denen auch in der Wahrnehmung kein (distanzierter) Bild-Charakter zugekommen war: Und was nicht Bild gewesen, das kann auch keine Erinnerung ‚abbilden'. –

Aber entscheidender, mindestens für die Unerinnerbarkeit des Sexuellen, ist etwas anderes.

Es ist ja nicht nur der ‚Moment', der unerinnerbar ist, sondern auch, was diesem vorhergeht: die Begierde. Und zwar deshalb, weil *Begierde ist, was sie ist, um gestillt zu werden, also um nicht zu bleiben. Durch ihre Stillung ist sie ausgelöscht.* Und *dieser Vorgang der Auslöschung*, der nichts mit Verdrängung zu tun hat, *ist nun das schechthinnige Gegenteil von Erinnerung: Denn Erinnern heißt Aufbewahren.*

7. August

Diese Überlegungen hätten zu münden in eine *Situationstheorie der Vorstellung*. Das heißt: in eine Theorie der Lebenssituationen, in denen der Mensch ‚Nicht-Gegenwärtiges' vor sich stellt. Aus reinem Vergnügen tun das allerhöchstens Experimentalpsychologen. Wir Menschen dagegen haben immer gute Gründe. Entweder tun wir das deshalb, weil uns das Objekt fehlt, d. h.: weil wir es brauchen, weil es dasein sollte; oder deshalb, weil der Gegenstand zwar nicht da ist, aber seine gefährliche Gegenwart droht. *Bedürfnis und Angst sind die Eltern der Vorstellung.*

Das Bedürfnis treibt zur ‚Nachstellung' des Vorgestellten. Solange dieses nicht erreicht ist, bleibt es ‚nur vorgestellt'. Das Vorstellungsbild ist aber nicht dazu bestimmt, ‚Bild' zu bleiben.

Vielmehr soll es sich ‚aufheben' im Wirklichen, von dem es ‚erfüllt' wird. Das Wirkliche, das gefehlt hatte, wird nun konsumiert: Der Vorstellungsverlauf ist an seinem intendierten Ende angekommen, in dem die Vorstellung aufgehört hat, Vorstellung zu sein. – Das gleiche gilt von der Vorstellung im Herstellungsvorgang.

Die Vorstellung der Speise durch den Hungrigen ist echteste Vorstellung. *Der Hungrige ‚kann' nicht nur die Speise vorstellen, vielmehr ist er unfähig, sie nicht vorzustellen,* die Vorstellung ist das natürliche Kind des Hungers. Umgekehrt ist *der künstliche Versuch des Satten, sich vorzustellen, er sei hungrig, sinnlos* und eben deshalb auch *undurchführbar.* – Wenn die Hausfrau den Mann, nachdem dieser sein Mittags-Dessert aufgegessen hat, fragt, was er zum Abendbrot wünsche, verlangt der, in Frieden gelassen zu werden: So unvorstellbar ist ihm in dieser Situation das Appetithaben. (Heute allerdings eine Märchensituation in den meisten Ländern.)

Ist der Versuch des Satten, sich seinen noch vor zehn Minuten nagenden Hunger vorzustellen, vergeblich, so heißt das: *Sein Erinnerungsversuch mißlingt, weil er, was er nicht vor-hat, auch nicht vor-stellen kann, und weil er nicht vorstellen kann, was er nicht vorzustellen braucht.* Vorstellung und Erinnerung sind so tief eingebaut in den Bedürfnis- und Planungshaushalt des Menschen, daß ihm überflüssige Vorstellungsleistungen ebensowenig gelingen, wie etwa überflüssige körperliche. *So wenig man mit ohnehin gefüllten Lungen atmen kann, so wenig kann man bei erfülltem Bedürfnis vorstellen.* Verblüffend, aber gar nicht geheimnisvoll ist, daß man vieles vorstellen kann, was man zu erinnern nicht fähig ist; weil, es vorzustellen, eine reelle Bedeutung (für die Bedürfnisstillung) hat; es aufzubewahren aber nicht. Das gilt ebenso vom Hunger wie von der Liebe. Vorstellen kann sich der Hungrige sehr gut ein langes Menü; und der Romanschriftsteller, der einen in der Wüste Verhungernden einen Menü-Traum träumen ließe, wäre vollkommen überzeugend. Dagegen wäre ein solcher Traum als Erinnerungstraum eines Nachmittagsschläfers einfach unglaubhaft. Wir würden nicht begreifen, *warum* der Schlafende das, was er ohnehin gehabt hatte, im Traum wiederkäuen sollte.

Die Zahl der unglaubhaften ‚Erinnerungen' in der Literatur ist sehr groß. Fabel-, Traum- und Erinnerungsdichter gingen zumeist von der Voraussetzung aus, daß alle Inhalte auf gleiche Weise vorgestellt werden könnten – was offensichtlich nicht zutrifft und auch sinnlos wäre.

10. September

Harlem. – Ideal getanzt wird hier, wenn Kopf und Schulter, also der Mensch, total unbewegt und unbeteiligt bleiben ... während in der unteren Etage die beiden vorhumanen Funktionen: Sexus und mechanisierte Arbeit eine entsetzliche Verbindung eingehen. – Mindestens heute ist *die Monotonie* dieser Tanzmusik *nicht mehr die der exotischen Trommel, sondern die der stampfenden Maschine*, die nun freilich einem, niemals einsetzenden, ewig hinausgeschobenen Orgasmus entgegengetrieben wird. Ungeheuerlich, was sich die Musik auf Grund ihrer Gegenstandslosigkeit, die ihr Alibi ist, leisten kann und leisten darf.

Da sie, wie gesagt, beim Tanzen dieser Musik ‚oben' unbeteiligt bleiben, entsteht eine Zweiteilung des Menschen, ein körperliches Schizo-Phänomen, ein ‚oben hui, unten pfui', das trotz oder wegen seiner Barbarei einen unleugbaren zynischen Reiz hat. Die Unbewegtheit des Gesichts, das so tut, als wenn es nicht wüßte, oder das wirklich nicht weiß, was das Gesäß tut, reflektiert unübertrefflich die auf *einen* Leib, auf *einen* Menschen verteilte *doppelte Moral.* Zuweilen steigert sich der Ausdruck der Unbeteiligtheit derart, er wird so maskenhaft, daß er wie aristokratische Blasiertheit aussieht. Und beide Etagen sind glücklich: die obere, ‚anständig' zu sein; und die Mandrillzone, ‚unanständig' sein zu dürfen.

10. Oktober

Die New York Times meldet: In Seattle macht die junge Frau X., seit einem Jahre verheiratet, Schadenersatzansprüche geltend gegen den Arzt ihres Mannes. Warum?

Um garantiert steril zu sein, hat sich ihr Mann kurz vor der Hochzeit bei Dr. Y. einer Vasektomie unterzogen. Das habe sie natürlich, berichtet Frau X., „allen erzählt". Nun entdeckt sie ein Jahr nach dem Eingriff, daß sie trotzdem in anderen Umständen ist. Sie behauptet nun, ihre Schwangerschaft mache sie zum Gespött der Leute, und zwar zu einem so tödlichen, daß sie sich nicht mehr auf die Straße hinaustrauen könne. Ihre Schande sei – durch welche arithmetischen Methoden sie zu diesem Ergebnis gekommen ist, teilt sie nicht mit – 70 000 Dollar wert. Und die müßten ihr nun vergütet werden.

Über die Motive des Eingriffs, dem Mr. X. sich unterzog, berichtet die Zeitung nichts. Dies der letzte verschämte Rest natürlicher Scham. Aber hart dahinter beginnt bereits die Kette der Schamlosigkeiten. Die erste: daß sie „natürlich allen alles erzählt" hat; die zweite: daß sie das in ihrer Schadenersatzanmeldung offen zugibt; die dritte: daß auch die news agency, bzw. die Zeitung dieses Datum kommentarlos mitteilt. Früher haben sich Frauen geschämt, keine Kinder haben zu können. Das wurde so sehr als objektive Schande, nicht nur als subjektiver Schamgrund angesehen, daß eine solche ‚streikende' Frau aus dem Hause zu verweisen, als nicht unmoralisch galt. Daß diese nackte Eigentumsmoral hinter uns liegt, ist selbstverständlich ein wirklicher Fortschritt. Und daß sich keine Frau zu schämen braucht, keine Kinder zu haben, sogar, keine Kinder haben zu wollen, das ist voll und ganz zu bejahen, welchen entsetzlichen Miseren wir diese Freiheit auch verdanken mögen. Aber was macht Mrs. X. aus dieser Freiheit? Da die Aufklärung vulgarisiert ist, kennt sie nur schwarz oder weiß: *statt sich nicht zu schämen, keine Kinder haben zu können, schämt sie sich nun, welche haben zu können.* Und sie traut sich nicht auf die Straße, sie, die verheiratete Frau, weil sie keine alte Jungfer ist.

Diese abstruse Scham ist nun aber verbunden mit der moralischen Empörung der betrogenen Kundin. Sie hat Sterilität gekauft. Und der Klempner hat sie schlecht bedient. Also muß der Klempner den Unfall, den er durch nachlässige Arbeit verschuldet hat, durch Geld aus der Welt schaffen. Ich sage ‚Klempner', obwohl ich von Dr. Y. nichts weiß, weder Gutes noch Schlechtes. Aber der Stil, in dem Mrs. X. argumentiert, klingt so, als habe sie das Hauptrohr der Gasleitung verlöten lassen – und siehe da: Das Gas strömt dennoch, und die Ärmste kann sogar auf diesem noch kochen.

Welche Heldenrolle ihr Mann dabei gespielt hat, darüber läßt uns die Zeitung im unklaren. Daß er sich als wider Willen potenter Mann nur gekränkt fühlt, das läßt sich eigentlich nur schwer vorstellen. Möglich ist es natürlich, daß das Ganze ein von langer Hand vorbereitetes schwindelhaftes Arrangement ist, daß er nämlich das 70 000-Dollar-Baby zwar nicht gezeugt, aber geplant hat. Gleichviel, schon daß man es wagt, einen solchen Schadenersatzanspruch anzumelden, ist ungeheuer bezeichnend. Das bedeutet nämlich, daß man Grund hat, vorauszusetzen, daß *im Vergleich zum Verhältnis Käufer–Verkäufer alle anderen menschlichen Verhältnisse überhaupt nicht mehr zählen*, daß sie *gewissermaßen moralisch neutral bleiben.* Es fehlt nur noch, daß ein Mann den von ihm gedungenen Meuchelmörder auf Schadenersatz verklagt, weil dieser den zu Ermordenden nur verwundet hat, also seiner Verpflichtung unverläßlich nachgekommen ist.

15. Oktober

Bei L.'s. – Den kannte ich im Jahre Neununddreißig. Einer der ersten Amerikaner, die ich kennenlernte. Damals hatte er seine zweite Frau. – Nun traf ich ihn wieder. Und zwar mit seiner vierten. Aber er ist vollkommen unverändert. Der vierten gegenüber macht er genau die gleichen Collegeboy-haften Fehler, durch die er die vorigen drei vermutlich verspielt hat. Als ich ihm sagte, er scheine ja ganz der alte geblieben zu sein, nahm er das nur als eine Art herzlichen Rippenstoßes. Der Gedanke, daß das Nacheinander so etwas wie eine ‚education sentimentale' darstellen könnte, kommt ihm gar nicht, kann ihm gar nicht kommen, weil ‚education' (genau wie job oder hobby) ein Gebiet für sich ist, das man ebensowenig mit einem anderen Gebiet ‚mischen' kann wie etwa Fußball und Kirchenzugehörigkeit. Was wir ‚reifer werden' nannten, ist hier fast unbekannt. – Er wirkt, als wechselte er zwar ständig die Schulen, bliebe aber stets in der gleichen Klasse.

2. November

Hatte gestern mit Studenten über deutsche Lyrik, besonders Liebeslyrik zu reden. Vollkommene Begriffs- und Gefühlsstutzigkeit. Warum?

Kierkegaard sagt: Erst die christliche Tabuierung des Fleisches habe die Sinnlichkeit zur Sinnlichkeit gemacht. – Richtig. Aber ohne Tabuierung wäre auch die andere ‚Hälfte' nicht möglich geworden, nämlich die *Liebe*: Liebe, wie wir sie in der europäischen Geschichte kennen – Liebe als Kulturerscheinung.

Denn Kultur besteht in Umwegen. Und Umwege sind zumeist Umwege um Tabus. Ohne Tabus, also ohne Umwege und die durch diese Umwege erzeugten Spannungen hätte es niemals *Liebesgeschichten* gegeben. Denn wo Ziele erreicht werden, noch ehe man sich reisefertig zu machen braucht, kann es zu ‚Geschichten' nicht kommen. Der Volksmund, der sagt: ‚Mach keine Geschichten', weiß sehr genau, daß ‚Geschichte' und ‚Umweg' dasselbe bedeutet. – Daß er es ungeduldig meint, ist hier belanglos.

Da die Studenten noch nicht Lunte rochen, akzeptierten sie mein erstes Beispiel für die Identität von Kultur und Umweg ohne weiteres: Auch sie fanden den Mann, der mit beiden Händen direkt in die Spaghetti-Schüssel hineinfährt, hoffnungslos ‚unkultiviert', und gaben zu, daß, wer zum ersten Male die Gabel dazwischenschalte, sich also auf einen Umweg einlasse, damit den ersten Schritt zur Kultur getan habe. – Nun aber diese gedankliche Figur auch auf die Liebe anzuwenden, hatten sie Hemmungen, und zwar sehr eigentümliche. Sie waren zu stolz auf ihre programmatische ‚Hemmungslosigkeit', darauf, sich von den puritanischen Reserven ihrer ‚Ahnen' (die gar nicht die ihrigen gewesen waren) freigemacht zu haben, um den Umweg-Gedanken auf die Liebe übertragen zu können. Ein paar von ihnen meinten verächtlich, ich sei prüde; und es war ganz vergeblich, ihnen glaubhaft zu machen, daß sie mit ihrem Stolz auf ihre (noch nicht einmal selbsterrungene, sondern bereits als ‚Kulturwert' gelernte) Anti-Prüderie zur Not in unserem Vorgestern angekommen seien. Als ich ihnen von der, vor genau hundertfünfzig Jahren geschriebenen „Lucinde" erzählte; besonders, daß Schlegel in ihr die Sanktionierung der Liebe durch Eheschließung als Ruin der Ehe dargestellt habe; und daß Schleiermacher, nachheriger Domprediger, den Schlegelschen Roman verteidigt habe, waren sie beleidigt; ähnlich beleidigt, wie als sie hörten, daß wir mit dem von ihnen gerade entdeckten Picasso als Kinder aufgewachsen waren. –

Schließlich entschloß ich mich, ohne viel Mystifikationen über Umweg und Umweglosigkeit zu sprechen und sagte: Wer beim erstbesten oder erstschlechtesten Zwitschern des Sexualappetits sofort mit beiden Händen in den Spaghetti-Topf hineingreifen könne, der sei zu bedauern. Er betrüge sich um alles: Um die Vorfreude des langsamen Auftauchens des Gasthofes; um das Abwägen des Menüs; um das Warten; um den weißgedeckten Tisch; um den Duft vor dem Essen; um die hors d'œuvres; um das Dessert. – Das beeindruckte sie wenig. Die Hauptsache sei die Hauptsache. – „Richtig", sagte ich, „sie ist die Hauptsache. Und die verliert Ihr. Denn Ihr betrügt Euch eben nicht nur um Werbung, Spiel und Geheimzeichen, sondern um die Freude selbst!" Ohne Leidensweg sei die Apotheose jämmerlich, ohne Überwindung der spannenden Umwege die ‚Hauptsache' bloßer ‚fun' und rasch vergessen, weil nie vorbereitet; kurz: sie machten nichts daraus. Und ‚etwas aus etwas machen', gleich, ob Brot aus Getreide, oder ob Liebe aus Sexus – das eben sei ‚Kultur'.

Ob sie vielleicht in der Droschke zur Schule kommen sollten, fragte einer. – „Die Umweglänge", antwortete ich, „hängt von der Größe des Zieles ab." Freilich habe es Kulturen gegeben, deren letzte Ziele ziemlich gering gewesen seien, die aber durch

Ausbildung von Umweg-Systemen sich ihre Zeit ganz gut vertrieben hätten. Diese Systeme seien so dicht und zeitausfüllend gewesen, daß sie die Ziele völlig verdeckt hätten. – Daß ich von ihnen selbst sprach, ahnte keiner. – Jedenfalls hinge die Länge des Umweges von der Größe des zu erreichenden Zieles ab. Wenn sie auf ihren anti-puritanischen Knopf drückten und prompt erhielten, was sie wünschten, sei es, als wenn man ihnen in einem Konzert sofort und prompt den rauschenden Schlußakkord servierte, wofür sie sich wohl, besonders wenn er lange währte, bedanken würden. „*Das Prompte*", schloß ich, „*ist das Barbarische.*" – Bei dem Vergleich lächelten zwar zwei oder drei, aber doch ängstlich und ohne Vergnügen, weil sie den Analogieschluß nicht wahrhaben wollten. Und warum, abgesehen von ihrem beinahe professionellen Antipuritanismus, wollten sie das nicht?

Weil die Identifizierung von Kultur und Umweg (oder Zielverzögerung) dem herrschenden Ideal der Zeit: dem des *Praktischen*, ins Gesicht schlägt.

Zwar ist auch das ‚Praktische' (das ‚Gerät') stets etwas ‚Zwischengeschaltetes'. Aber der Daseinsgrund dieses Gerätes ist eben (mindestens angeblich) *Weg-Verkürzung, nicht Weg-Verzögerung.* Daß mit steigendem Wettlauffieber das Ziel des Wettlaufs immer unwichtiger wird, merken sie gar nicht. Denn wie für die Kultur die Zielverzögerung, so wird für sie die Wegabkürzung zum Ziel. Nicht, um irgendwo anzukommen, kaufen sie ihren car, sondern um zu fahren. Daß man dabei notwendigerweise eben auch irgendwo ankommt, ist belanglos: man kommt eben an, wenn das Gasolin ausgeht. (Freilich ist es schon fraglich, ob sie den car zum Fahren kaufen. Denn viele fahren nur deshalb und nur deshalb schnell, weil man anders nicht beweisen kann, daß man einen guten Wagen *habe*; und wahrscheinlich ist die gesellschaftliche Sichtbarkeit des ‚Habens' eigentliches Ziel. Denn sie sind, was sie haben. –)

Gleichviel: Aus diesem Ideal der Wegabkürzung kann die Hemmung der Studenten, meinen Kulturbegriff auch auf die Liebe auszudehnen, viel plausibler erklärt werden, als aus dem

Zerfall des Puritanismus. Vielleicht ist der Zerfall des Puritanismus sogar selbst bereits ein Nebenprodukt des Pragmatismus: Wenn zum Beispiel die (antipuritanisch verstandene) Psychoanalyse hier täglich ansteigt, so hat das jedenfalls auch im Ideal der Weg-Abkürzung seinen Grund: beide, Pragmatismus wie Analyse, kämpfen gegen ‚Hemmungen'. Hemmungen sind Verzögerungen; Verzögerungen Zeitverluste; Zeitverluste Geldverluste ... kurz: die Analyse-Mode ist, mindestens auch, eine sich modern gebende Welle auf einem ziemlich alten Wasser. Das Produktionstempo soll gesteigert werden.

Selbst das abstruse qui pro quo von Weg und Ziel findet hier zuweilen statt. Tatsächlich verwenden viele die Analyse wie das Auto: So wie vielen der Wagen wichtiger ist als das Fahrtziel, so ist manchem die psychoanalytische Behandlung wichtiger als die Liebe. Ich weiß von einem amerikanischen Intellektuellen, der sich darauf einließ, eine reiche alte Hexe zu heiraten, um sich eine prima frische Analyse leisten zu können. A la bonne heure.

9. November

Die amerikanische Studentin, die von Goethes Liebesgedichten keinen Hauch verspürte, ist nicht nur verheiratet, sondern sie hat sogar ein Kind. „Sie ist Mutter" zu sagen, hab' ich Widerstände, denn sie drückt die Schulbank und macht fleißig Aufsätze, zum Beispiel über „Self-expression as cultural value". – Da sie so jung schon Ehefrau ist, könnte man vermuten, sie habe, im Unterschiede zu Mädchen aus Europa, ihre erste Liebe geheiratet. Davon kann keine Rede sein. Sie hat geheiratet, lange ehe die erste Liebe überhaupt an ihre Türe geklopft hatte; gewissermaßen als sie das erste Piepsen des Geschlechts hörte oder versehentlich provozierte. Sie hatte bereits getrunken, ehe sie auch nur vom Hörensagen gewußt hatte, daß es mehrere Weinsorten gibt.

16. November

Vor einer Woche besprach ich mit meinen Studenten die Typen menschlicher Passivität ... wobei ich ‚Drang', ‚Trieb', ‚Sucht' und ‚Zwang' unterschied bzw. zu unterscheiden vorhatte. Um die Unterschiede einzuprägen, erfand ich hybride Zusammensetzungen wie ‚Verdauungstrieb', ‚Schreibdrang', ‚Selbsterhaltungssucht' usw. und begann dann ausführlich mit dem ‚Drang'.

„Drang", so erklärte ich, wolle nur „loswerden", er habe also noch kein intentionales Objekt, keinerlei Weltbeziehung, daher auch nichts, was er ‚kultivieren' oder was an ihm kultiviert werden könnte.

Heute hatte ich nun vor, zum ‚Trieb' überzugehen, ließ aber L. N. vorher wiederholen, was er erst einmal ganz anständig tat, bis er am Ende – ich traute meinen Ohren nicht – als Kronbeispiel des ‚Drangs' den Geschlechtstrieb anführte. Niemand widersprach. Auch ich nicht. Schließlich fragte ich, wohl etwas trübsinnig, ob er noch andere Beispiele anführen könnte. Ich hätte das nicht tun sollen. „Aber gewiß", meinte er munter. „Self-expression."

Kurz: Geist und Liebe auf der Ebene der Verdauung.

17. November

Die gestrige Erfahrung ist aus zwei Gründen wichtig. Wo, wie eben hier in Amerika, Säkularisierung und Naturalisierung einsetzt, ohne von Naturbejahung oder gar dionysischer Naturvergötterung begleitet zu sein, kann eben der Trieb *als* Trieb auch nicht positiv gewertet werden. Nur als ‚Drang' kann er anerkannt werden, als Drang, dem man seine Entspannung gönnt. Wiederum wie die Verdauung.

Das Ideal wäre eigentlich, keinen Sexus zu haben. Aber hier Kor. 17 zu zitieren (es sei besser, zu heiraten, als Glut zu leiden), wäre völlig verfehlt. Das hiesige Motiv hat mit dem paulinischen nichts zu tun.

Denn hier ist es so: Wer Glut litte, würde diejenige Tätigkeit beeinträchtigen, die hier wirklich ‚zählt', also den Konkurrenzkampf, der, mindestens ideologisch, nicht nur als Mittel, Geld zu machen, sondern als *Vitalitätsprobe* gilt. Fast alle Reserven von ‚Triebkraft', die früher dem Triebe angehört hatten, hat er in sich hineingesogen. Im Grunde ist er ein zur Institution gewordener Eifersuchtskampf, dessen Kampfobjekt de-sexualisiert ist; der Monopolist hat das Erbe des erotischen Triumphators angetreten.

Da es nun aber zum Wesen des Wettkampfes gehört, daß ein Nebenbuhler nach dem anderen ausfällt, kurz: daß die meisten von ihm ausgeschaltet bleiben, hat sich etwas drittes: ein Ersatz für den Trieb-Ersatz ausgebildet, und zwar im *Sport.* Es gibt kaum einen Amerikaner, der nicht, sei es aktiv, sei es als Publikum, mehr Leidenschaft und Ekstase in die sportliche Konkurrenz investierte als in sein Triebleben. Wer zum ersten Male das erhitzte Gesicht eines Radiohörers sieht, der aus unerfindlichen Gründen passiver Anhänger der Mannschaft A, ungeduldig strampelnd und unartikulierte Töne ausstoßend, Sieg oder Niederlage miterlebt, der glaubt, Zeuge eines im luftleeren Raume stattfindenden Orgasmus zu sein. Und bei dieser Gelegenheit ‚to swoon', das heißt: süß hinzuschmelzen, ist nicht unüblich. (Zwar geraten sie auch beim Hören von Sexualmusik in solchen Zustand; ihre privaten Liebesbeziehungen dagegen machen sie nicht ‚swoon'; im Gegenteil: Um das Zusammensein mit ihrem girlfriend zu genießen, drehen sie das Radio an, das ihnen den Sexualreiz, bereits vorgekaut, offeriert, den sie eigentlich durch ihr Beieinandersein erzeugen sollten.)

19. November

Immer wieder verblüffend die Familienähnlichkeit, die zwischen diesen angeblich Befreiten und ihren Ahnen, den Puritanern, besteht. Polemische Abhängigkeit.

Freudige Bejahung der Lust hier so wenig wie dort. Und hier wie dort ist es selbstverständlich, daß das Geschlechtliche ‚Mittel zum Zweck' ist. Glückliche Zeiten, da es noch als Mittel galt zur Gründung einer Familie. Denn heute ist der Zweck ausschließlich *hygienisch*: Askese ist ungesund.

Aber die Lust ist nicht nur (wie im Puritanismus) etwas ‚Zusätzliches', nicht nur Rabatt; sondern auch (wieder wie dort) ein *gefährlicher Rabatt.* Glückliche Zeiten, da das Risiko noch paulinisch verstanden wurde. Denn heute ist die Gefahr ausschließlich geschäftlich. Warum geschäftlich?

20. November

Glück ist, mit Aristoteles, eine ‚entelecheia', d. h. selbst nicht mehr zu etwas da. Für die vernünftigen Griechen war dieses ‚Nicht für etwas dasein' das Höchste: nämlich das, wofür man sich in Bewegung setzte.

Aber ‚Nicht für etwas dasein', das *summum bonum,* kann auch mißverstanden werden: Was zu nichts da ist, taugt zu nichts, ist also wertlos. Zu diesem Mißverständnis, oder richtiger: zum Mißgeschick solcher Pervertierung sind nun die meisten hier verurteilt. Das Glück hat keinen ‚Wert', weil es ‚für nichts' Wert hat; der Zweck keinen ‚Wert', weil er kein Mittel ist; das Ziel keinen ‚Wert', weil es kein Weg ist und keine Bewegung. Denn auf Bewegung kommt es hier an, nicht aufs Ankommen. Auf ‚life-long learning' zum Beispiel, nicht auf Wissen oder gar Weisheit; auf Autofahren, nicht auf den Aufenthalt.

Die Selbststeigerung dieses ungeheuren Systems der Mittel, das Zwecke nicht aufkommen lassen darf, ist also, wenn man den Ausdruck gebrauchen darf, das einzige ‚Ziel' dieses perpetuum mobile. Jeder hat mitzurennen, und zwar um die Wette. Für den Renner aber darf es Glück oder Lust nicht geben ... es sei denn das Glück, zu rennen. Denn Glück wäre ja genießendes Ausruhen in etwas; und wer ausruht, hat das Unglück und die Unlust, überholt zu sein. – Also: *Ziele sind hier unmöglich, weil sie die Mittel sabotieren würden.*

Es gibt nichts, und es kann nichts geben, was sich diesem System der Mittel entzöge. Innerhalb seines Horizontes findet auch das Geschlechtsleben statt, eingeschaltet in ein wildes System sich steigernder Mittel; also hat auch der Sexus etwas zu sein, was ‚gut für etwas' ist (das seinerseits gut ist für ein Drittes und so weiter ... für ‚Unendlichkeit' ist gesorgt). Die Frage: „Is Sex Necessary?" ist nicht nur der witzige Titel eines hier viel gekauften Buches: Wäre die Frage nur ein Witz, sie wäre als Buchtitel niemals von einem Verleger akzeptiert oder erfunden worden. Klar ist vielmehr: Wenn sex nur ‚Genuß' ist, dann ist er nicht nur überflüssig, sondern abträglich. Wofür sollte der Genuß nötig sein, da er ja als Genuß ‚Ziel' wäre, nicht Mittel; also nicht Bezug hätte auf etwas anderes? – Dagegen ist er bejaht und durch alle Klauseln der ‚Freiheit des Ausdrucks' geschützt, wo er, zum Beispiel in der Vergnügungsindustrie oder für Strumpfreklame, als *Mittel* eingesetzt werden kann. Denn ‚reizende' Strümpfe werden hier nicht aus sex-Gründen verkauft, vielmehr wird sex aus Strumpfverkaufsgründen gereizt. Dann ist er ‚zu etwas' da und erlaubt.

Aber wie eng, den Sexus nur unter dem Gesichtspunkt der Lust zu betrachten. Wie steht es denn mit der *Unlust*? Mit der Unlust, die sich mit der Nicht-Ausübung der Geschlechtstätigkeit verbindet? Vielleicht ist die praktisch oder unpraktisch.

Das ist tatsächlich der Gesichtspunkt, unter dem man den Sexus hier ansieht. Da die Nichtausübung ungesund ist, ist „sex necessary". – „You will write a far better statistical paper", sagte der Berater, „once you have gotten rid of your d ... tension". Und wer dann durch eine „good riddance" arbeitsfähig ist, kann sein Examen bestehen, um einen job zu finden, um ein Auto zu kaufen, um, um, um. Das Perpetuum mobile ist glatt und schnurrend im Gange. Kurz: als Mittel ist Sex erlaubt, während seine Verwendung als Glück oder Lust eine Unterbrechung der Bewegung, des Wettkampfes, also der unendlichen Vermittlungstätigkeit wäre: also zum Schaden gereichte.

Bejahung, um loszuwerden: Das steht im Hintergrunde der hiesigen De-tabuisierung des Geschlechtlichen.

27. November

Eine der Studentinnen – sie sieht aus wie die geborene Handarbeitslehrerin – bringt unermüdlich Sexualbeispiele; die Vokabel

‚Inzestangst' hat sie so ständig zwischen den Zähnen wie einen chewing gum; in regelmäßigen Abständen nimmt sie ihn dann aus dem Munde. Das Erstaunliche ist, daß sie mich dabei siegreich anblickt: Offenbar erwartet sie auf Grund dieses Wortes gute Noten, als bewiese ihr verbaler Sexualfleiß Fortschritt in Richtung ‚Natur'. Den Spätstil Rembrandts hatte sie schon vor Wochen mit diesem Worte ‚erklärt'. Während meiner Analysen der Stilleben von Cézanne wurde sie unruhig. „Und Cézannes Inzestangst?" warf sie schließlich ein, voll Triumph, mich auf einer solchen Auslassung zu ertappen.

2. Dezember

In der nun weit mehr als einundeinhalb Jahrzehnte währenden Emigrationszeit habe ich zahllose Jungen und Mädchen der jüngeren Generation heiraten sehen. Aber eine ‚erste Liebe' in dem Sinne, in dem wir das gekannt hatten, ist mir nicht ein einziges Mal begegnet.

Zur ‚ersten Liebe' hatte es gehört, daß der Blitz noch ‚zu Hause' einschlug; daß die Metamorphose, die man durchmachte, in der vertrautesten Umwelt stattfand; daß man nun in dem Hause, das gestern noch das alte gewesen war, als Fremder einherging; daß die Welt der Eltern, Geschwister und der hundert Vertrautheits- und Autoritätsecken weiterbestand und -funktionierte, obwohl die Kurve des Lebens, mindestens des Gefühls, bereits elliptisch durch einen zweiten Punkt bestimmt war. Zur ersten Liebe gehörte, daß etwas Fremdes, die Fremde, zum ersten Male näher war als das Nahe. –

Nichts dergleichen bei den unterwegs zu Menschen gewordenen Emigrationskindern. Um die Lockung der Fremde waren sie betrogen. In Eisenbahnen und fremden Dachzimmern, von Lagern nicht zu reden, waren sie groß geworden. Fremde waren sie immer gewesen. Und wenn sie den Eltern, die immerhin noch wußten, warum sie sich heimatlos gemacht hatten, etwas übelnahmen, so daß sie das nicht hatten, aus dem sie hätten ausbrechen können. Für den Verschlagenen, für den Bohémien wider

Willen, hat nicht das Fremde, nicht Mignon Reiz. Umgekehrt ist das Häusliche das Verlockende, das Abenteuerliche. Tatsächlich haben *viele von ihnen geheiratet*, um ein Zuhaus zu haben. Also *nicht, um auszubrechen, sondern um aus der Fremde in eine verläßliche Enge einzubrechen.* Was sie unternehmen, ist eine negative Revolution: Sie verlassen nicht die Eltern, um zur See zu gehen, sondern um sich die Ohren zu verstopfen gegen deren verfluchtes Rauschen. –

I

M.'s Hochzeit vor vier Monaten. – So also lieben die Jünglinge, die Hitler als Sechsjährige in die Fremde getrieben hat.

Sie: Rahel, die sich, weil ihr das ‚more continental' und ‚deshalb' gebildeter und ‚deshalb' avantgardistischer und ‚deshalb' auch reizvoller scheint, ‚Rachelle' nennt. Rachelle also: klein und schiefmäulig, trotz Unscheinbarkeit auffällig mies, die Minima ihrer weiblichen Requisiten, Schultern, Brüste, Hüften, sind gerade zur Not noch identifizierbar. Gewiß war sie kaum jemals ‚dated' worden, jedenfalls scheint sie fassungslos darüber, daß unverhofft doch noch einer gekommen ist, dem sie trotz ihrer dürftigen anatomischen Ausstattung gefällt und der sie sogar begehrt, vielleicht ist sie sogar etwas argwöhnisch, „something must be wrong with him" – gleichviel, nun, da ihr das Unverhoffte in den kümmerlichen Schoß gefallen, ist sie wütend dazu entschlossen, ihr Glück mit Nägeln und Klauen zu verteidigen, acht Kinder wünscht sie sich, flüstert M. mir zu, und schon jetzt scheint sie eifersüchtig, und zwar auf jede: Denn daß es unter den ebenfalls nicht gerade aufregenden Brautjungfern keine gibt, die nicht im Augenblicke, da sie neben sie, die Heldin des Tages tritt, plötzlich zum glamour girl aufblühte, das entgeht ihr natürlich genausowenig wie uns.

Man schlägt sich an die Stirne. Warum entgeht *ihm* das?

Nun, ein Beau ist er zwar auch nicht, aber immerhin doch gescheit und gesund und groß und unternehmungslustig und kompetent, man sieht ihm an, daß er sein Leben schaffen wird. Hätte er sich da nicht aus den Abertausenden von exotischen Schönheiten, die hier um einen herumwimmeln, etwas Schöneres, Gescheiteres, Rassigeres, Üppigeres, Zärtlicheres, Frecheres, mindestens etwas Wohlhabenderes und für sein Prestige Nützlicheres angeln können?

Falsch. Denn Geschmack ist keine ausschließlich ästhetische Funktion, und ob ein Mann A von einer Frau B gereizt wird, das hängt wahrhaftig nicht allein von deren körperlichen Attributen oder deren Raffinement ab, sondern mindestens ebensosehr von der sozialen Relation, bzw. dem sozialen Gefälle, das zwischen ihm und ihr besteht. Der ästhetische Maßstab von Benachteiligten ist einer sui generis. So wird z. B. für einen Möchtegern-Parvenü eine junge Adlige auch dann atemberaubend schön sein, wenn diese hinkt, vielleicht sogar gerade dann. Deshalb nämlich, weil sie ohne diesen ihren körperlichen Defekt für ihn überhaupt nicht in Betracht kommen würde, d. h.: weil sich gerade in diesem körperlichen Defekt seine Chance, auch seine Sexualchance, ‚verkörpert'. Und andererseits deshalb, weil er sich nun, da *er* ja *nicht* hinkt, ihr gegenüber als der unbestreitbar ‚Wohlgeborene' und Superiore aufführen und sie dadurch demütigen und erpressen kann – was ihm natürlich zusätzlichen Genuß, auch Sexualgenuß, verspricht und auch tatsächlich verschaffen wird. Die heimliche, aber weitverbreitete (in Heiratsannoncen zuweilen sogar, als angeblich ‚nicht störend', zugestandene) Beliebtheit von Schönheitsfehlern mag zwar eine Perversion sein, aber eine unbegreifliche Perversion ist sie ganz gewiß nicht. Und in diese Klasse von Perversionen gehört nun, wie ich glaube, auch die Beziehung von M. zu Rachelle. Jedenfalls halte ich es für ganz unwahrscheinlich, daß M. sich mit R. nur ‚bescheide', daß er es nötig habe, sich zu überwinden, von ihrer Miesheit zu abstrahieren und ein Opfer zu bringen; für wahrscheinlich dagegen, daß sie in seinen Augen gerade *durch* ihre Miesheit ihren Reiz gewinnt. Denn daß sie ‚die

Adlige' und ihm (durch ihren sozialen, bzw. nationalen Rang) überlegen ist, darüber gibt es ja keinen Zweifel. Wir dürfen ja nicht vergessen, daß er sich bis heute mit dem trotz aller American hospitality verächtlichen Status des ‚greenhorn', des erst vor kurzem Zugereisten, hatte bescheiden müssen und vollauf damit beschäftigt gewesen war, diesen Makel abzuwaschen, z. B. seine Muttersprache und seine vorige Emigrationssprache (Amerika ist ja nicht sein erstes Zufluchtsland) hinter sich zu bringen, Amerikanisch zu lernen und sogar den hiesigen Slang – kurz: daß es für ihn nur ein einziges Ziel gibt: nämlich sich hinein-, vielleicht sogar hinaufzuarbeiten, um als einer der Hiesigen akzeptiert zu werden. Alles, was ihm auf dem Wege zu diesem Ziele helfen könnte, das gilt ihm, wie gesagt, in jeder, auch in sexueller Hinsicht als attraktiv und damit auch als schön. Kein Zweifel, er ist überzeugt davon, und bereits heute stolz darauf, daß sich ihm von dem Augenblicke an, in dem er zu seiner kleinen Miesen ins Bett steigen wird, Ihre Majestät, the Statue of Liberty höchstselbst, hin- und hergeben werde, und daß ihm dann der ganze Kontinent inklusive Lincoln und FDR in ersterbender höchster Lust als Eroberer, mindestens als Nutznießer Amerikas, mindestens als American among Americans empfangen und legalisieren werde.

Was zählt, ist mithin allein das Gelingen des Initiationsrituals als solches. Verglichen mit dieser Hauptsache ist die Frage, ob in anderer Leute Augen die Stellvertreterin des von ihm vergötterten Amerika mies ist oder nichtssagend aussieht oder strikingly beautiful, ganz belanglos. In der Tat ist die Wahl, die er getroffen hat, inklusive seiner Bereitschaft, sich an R.'s scheußliche Familie zu assimilieren, um so begreiflicher, als er unter den Türen, durch die er in den Kontinent hätte Einzug halten können, keine hätte finden können, die seinem Druck leichter nachgegeben hätte als diese hier, die den Namen ‚Rachelle' trägt – womit ich meine, daß ja auch R.'s Eltern noch nicht hier im Lande geboren worden waren, ebensowenig wie M. selbst, vielmehr als Kinder mit der letzten polnisch-jüdischen Einwanderungswelle an die Küste Amerikas gespült worden waren; daß die Familie (obwohl sie sich, mindestens modo negativo, bereits völlig amerikanisiert fühlt, nämlich alle ihre Beziehungen zu und ihre Erinnerungen an andere Länder bereits verloren hat) sich doch mit einem Fuß noch auf der Hausschwelle Amerikas befindet, daß sie sich gerade erst fertig assimiliert hat, sofern man die Assimilierung an diejenigen Immigrationsgruppen, die das Glück gehabt hatten, Amerika zwanzig oder dreißig Jahre früher zu erreichen, als eine ,Assimilierung an Amerika' bezeichnen kann. Ganz falsch wäre es, M. deshalb zu bedauern, weil er das Pech gehabt habe, in selbst noch nicht ganz Assimilierte hineinzurennen und sich justament an diese selbst noch nicht ganz Assimilierten zu assimilieren. ,Justament' ist allerdings das richtige Wort: Denn justament darin, daß er zu Menschen gestoßen ist, die, obwohl bereits zugehörig, doch noch wissen, was es heißt, als greenhorn zu gelten; oder richtiger: die sich, obwohl noch greenhorns, doch schon zugehörig fühlen und sogar, mindestens von ihresgleichen, als zugehörig bereits anerkannt werden, justament darin besteht seine Chance. Was M., dem Einwanderer, durch seine Einheirat in R.'s Familie gelingt, ist also, von der Hitler-Immigration in eine frühere *zurückzudesertieren*, sich an einen bereits Jahrzehnte vor seiner eigenen Ankunft angekommenen Zug von Einwanderern anzuhängen und gewissermaßen als ,*Parasit des Gewesenen*' die Vorteile dieser früher Angekommenen mitzugenießen. Diese Desertion hindert ihn freilich nicht daran, dem Vorsprung derer, von denen er sich nun mitschleppen läßt, mit schmeichelhaften Worten Anerkennung zu zollen, so als sei das frühere Datum ihrer Landung ihre Tugend und ihr Verdienst; namentlich dem Vorsprung seiner Frau, die ja tatsächlich bereits eine gebürtige Amerikanerin ist – eine Anerkennung, auf die übrigens alle von ihnen Anspruch zu erheben scheinen und die sie, wenn sie gezollt wird, wie etwas ihnen Zustehendes entgegennehmen. (Und ich bin überzeugt davon, daß auch M. in dreißig Jahren von den dann erst Einwandernden, sofern es solche dann noch geben sollte, erwarten wird, daß *sein* Vorsprung von ihnen ebenfalls als etwas Verdienstvolles respektiert werde.)

Und damit bin ich wieder bei M.'s Blindheit gegenüber seiner Frau. Ihre unwiderrufliche und solide Hiesigkeit und nationale Zugehörigkeit, kurz: ihr Vorsprung ist es, was sie in M.'s Augen hübsch, um nicht zu sagen (denn seine begehrlichen Blicke auf ihre kümmerlichen weiblichen Merkmale lassen eine andere Deutung nicht zu) schlechterdings unwiderstehlich macht.

*

Als M. mich den Festraum betreten sieht, spreizt und dreht er sich pfauenhaft im Kreise seiner dreißig neuen, teils nach nichts, teils protzig, teils gangsterhaft aussehenden Onkel, Schwäger, Tanten, Vettern und Basen; so als wollte er mir, dem aufs hoffnungsloseste europäisch und aufs altmodischste revolutionär Gebliebenen, zu verstehen geben, daß er, der vom ganzen Erdteil ins Schlafzimmer Gebetene, mir nun ein für alle Male voraus sei. Ich denke nicht daran, ihm seine Freude und seinen Stolz auf den Vorsprung zu verderben, schwer genug hat der Junge es ja von früh auf gehabt, soll er ruhig einmal einen Triumph, auch einen nicht ganz feinen, auskosten – also gratuliere ich ihm aufs herzlichste und nicht minder herzlich natürlich auch seiner neuen Familie, die nun freilich meine Glückwünsche mit überraschend geringer Überzeugung entgegennimmt, sogar mit einer gewissen Abwehr, die geradezu konspirativ wirkt, da es unter den unzählig herumwimmelnden Onkeln und Tanten und Vettern und Basen und Schwagern, die offensichtlich alle aufs wärmste und lärmendste einander zugetan sind, nicht ein einziges Wesen gibt, das meine Gratulation mit Wärme oder Dankbarkeit entgegennähme. Und erst dadurch, erst durch diese Abwehr und Kälte, wird mir die beispiellose Paradoxie des Schauspiels, an dem M. da, und sogar als Hauptfigur, teilnimmt, vollends klar. Denn was sich hier abspielt, das ist ja nicht etwa, daß er von Amerika einverleibt und assimiliert wird, sondern von Ostjuden. Wenn man bedenkt, wie glücklich M.'s Vorfahren (also wir: die zumeist selbst letztlich aus den östlichen Ghettos stammenden deutschen Juden) seit mehr als hundert Jahren gewesen waren und wie stolz darauf, im Lande

Lessings und der westlichen Toleranz zu leben, und mit welcher Intoleranz und Ungeduld wir uns von den Ostjuden distanziert und auf diese hinabgeblickt hatten; und vice versa, mit welchem nicht geringeren Hochmut die im Osten gebliebenen Juden uns: die deutschen Reform-, Orgel- und Sonntagsjuden als Verleugner und Verräter mißachtet hatten – wenn man all das bedenkt; und außerdem, wie gegenstandslos diese gegenseitige Gereiztheit und Feindseligkeit geworden ist, da wir polnischen und deutschen Juden unterdessen ja aufs fürchterlichste *doch* zusammengefunden haben, mindestens durcheinandergemischt worden sind, in den Öfen von Auschwitz und Maidanek nämlich und auf den dortigen Aschenfeldern – wenn man all das bedenkt, dann läuft es wahrhaftig auf den absurdesten Witz der Weltgeschichte heraus, daß M., der Ururenkel jener Männer und Frauen, die sich schon vor hundert Jahren als Berliner und Frankfurter, sogar auch als Amsterdamer, also durchweg ganz westlich gefühlt hatten, daß der Ururenkel dieser westlichen Männer und Frauen nun im Jahre 1947 stolz darauf ist, dadurch zum vollends westlichen Menschen: nämlich zum Amerikaner zu werden, daß er sich den Nachfahren der von seinen westlichen Vorfahren als ‚penetrant östlich' und als ‚erschreckend fremdartig' abgewehrten Lemberger und Lodzer an die Brust wirft. –

Um Gottes willen, während ich dies niederschreibe, klingt es selbst in meinen Ohren so, als wollte ich mich von diesen Ex-Lodzern und Ex-Lembergern distanzieren. Welch ein Mißverständnis! Da ich ja nur den Firnis von mir selbst abzukratzen brauche, um einen Ex-Lodzer oder einen Ex-Lemberger zum Vorschein zu bringen, nein, sogar einen echten Lodzer oder einen echten Lemberger, denn wem es bestimmt gewesen war, unter die Leichen der Lodzer und Lemberger gemischt, die Äcker von Auschwitz und Maidanek zu düngen, der wird eben nachträglich wieder zum Lodzer oder zum Lemberger. *Ostjude ist derjenige, der, weil Jude, im Osten ermordet worden ist oder hätte ermordet werden sollen.*

Gleichviel, erst in demjenigen Augenblick, in dem M.'s neue, alt-eingewanderte Familie ungeniert ihrer Antipathie gegen mich, den deutschen Juden, Ausdruck gibt, erst in diesem Augenblick wird mir die beispiellose Paradoxie dieser Hanswurstiade, in der M. da mitwirkt und sogar als Hauptfigur auftritt, vollständig klar. Denn so stolz er darauf ist, nun durch Integrierung in diese bereits seit Jahrzehnten hier ansässige Familie ebenfalls zu einem seit Jahrzehnten, wenn nicht sogar seit Mayflower-Tagen, hier ansässigen Amerikaner geworden zu sein, so stolz scheinen sie nun auf ihn zu sein, namentlich auf sein wirklich tadelloses Englisch, das, nicht nur verglichen mit ihrem, ans Oxfordische anklingt, und das sie nun in die Nachbarschaft der New-England-Kultur bringt, was sie ohne ihn niemals geschafft hätten.

*

Wir unterhalten uns zu dreien: die kümmerliche Rachelle, er und ich. Wobei eine weitere Paradoxie zum Vorschein kommt. Nämlich daß er, der aus Europa hierher Verschlagene, der sich, um seine hiesigen Aufgaben und Verpflichtungen gewissenhaft zu erfüllen, auf Amerika konzentriert hat, und der sich dabei versehentlich bereits in einen Lincoln-Fan, sogar in einen Lincoln-Kenner, verwandelt hat, daß er nun in das, was man hier unter ‚Europa' versteht, durch *sie* eingeweiht wird. Denn in denjenigen Jahren, in denen er beflissen seiner Assimilationsarbeit nachgegangen war, hatte sie sich, teils durch ihre Reizlosigkeit dazu gewungen, teils durch ihres Vaters kleinen Miederladen dazu in den Stand gesetzt, nicht minder beflissen zwischen Joyce, Freud, vorbachscher (auch ‚gothisch' genannter) Musik und Van-Gogh-Reproduktionen herumgetrieben, zwischen jenen gestrigen und vorgestrigen europäischen ‚cultural values', deren Kenntnis hier, nicht zuletzt durch den Einfluß meiner Kollegen: der refugee scholars, als unerläßlicher Beweis für unerläßlichen Avantgardismus, kurz: als ‚cultural must' gilt.

Über dieses Vorgestern seines Heimatkontinents, in dem sie das Übermorgen sieht, hält sie ihn nun stolz auf dem laufenden. Und er nickt eifrig und glaubt ihr jedes Wort und blickt mich mit einem so stolzen Bettelblick an, daß ich es nicht übers Herz bringe, ihren bräutlichen Kulturquatsch nicht zu bewundern und ihr nicht zuzustimmen, als sie ihm erklärt, daß „Van Gogh after having read Freud has succeeded in overcoming his inhibitions and has expressed himself the way all of us should do it".

II

Und noch eine Hochzeit. Wie verschieden von der vor vier Monaten in Brooklyn!

H., zwanzigjährig, gleichfalls Sohn von refugees, aber bereits seit seinem vierten Lebensjahre im Lande, Zweifel an seinem echtesten Amerikaner-Sein sind ihm gewiß noch niemals gekommen.

Als Student hat er in der Wohnung, in der er möbliert wohnt, vor fünf Monaten die durch ein Babysitter-Vermittlungsbüro geschickte Betty kennengelernt. Die Wohnungseigentümer waren ausgegangen, das steinern schlafende Baby erforderte kein spezielles ‚Sitting'. Liegen war genausogut möglich und viel angenehmer, und dies um so mehr, als die Eigentümer nicht vor morgens zurückerwartet wurden, die zwei jungen Leute also für viele Stunden über ein gut geheiztes und unkontrolliertes Zimmer mit komfortabler Couch verfügen konnten. Was Gott für solche Fälle vorgesehen hat, das geschah nun also, gottlob geschah das, wäre das nicht geschehen, die Welt wäre nicht mehr in Ordnung gewesen. Was sie da taten, hatte freilich mit dem Allerweltsvorkommnis unserer Eltern- und Großelterngeneration: mit der Verführung eines mehr oder minder hübschen Zimmermädchens, gar keine Ähnlichkeit. Denn Voraussetzung dieser Verführungen war ja stets der Klassenunterschied zwischen ihm und ihr gewesen, d. h.: daß sie es als Abhängige zumeist gar nicht in Betracht zu ziehen wagte, dem gnädigen Herrn oder dessen Söhnchen die Kleinigkeit abzuschlagen, nein, daß sie sich durch deren Verlangen sogar geehrt fühlte. Nichts dergleichen hier. Auf die Idee, daß sie geringer sein könnte als er, kommt weder er noch sie. Denn auch sie studiert, ich glaube pharmacy, im Nebenfach aber genauso wie er und wie alle ihrer Generation Social Psychology und Sociology, she can't help doing it, how could she, und was die Eleganz ihrer Figur, ihres make-up, ihrer Frisur und ihrer Kleidung betrifft, so kann sich H.'s großbourgeoise Mutter neben ihr verstecken und hätte sich auch damals schon verstecken müssen, als sie noch in Berlin jung und schön gewesen war; umgekehrt hatte ich das Gefühl, daß sich Betty, als sie an der 121st Street in den Wagen zu ihren Schwiegereltern stieg, ihrer Schwiegermutter ein bißchen schämte. Gleichviel, nun ist es soweit, heute ist Hochzeitstag. Und die Hochzeit soll irgendwo im Norden des Staates New York im Grünen gefeiert werden, wo Betty's Eltern leben. L. und ich sind als Freunde dazu geladen.

Als also Betty in den Wagen zu ihren Schwiegereltern steigt, hübsch und hübsch gewachsen, aber von den Millionen von Bettys ihrer Art nicht zu unterscheiden (selbst während man sie anblickt, weiß man nicht recht, ob man wirklich *sie* sieht oder nicht einfach den Typ als solchen) – also, als Betty zum ersten Male erscheint, da bleibt sie für L. und für mich ‚sozial unklassifizierbar'. Und selbst dieser Ausdruck ist noch irreführend, da er noch so klingt, als wenn andere fähiger wären, dieses girl richtig einzuordnen. Aber auch davon kann keine Rede sein, und zwar deshalb nicht, weil die Frage nach Klassifizierung als solche bereits falsch ist, weil diese schon auf einem Vorurteil gegenüber der hiesigen Gesellschaft beruhen würde, auf dem Vorurteil nämlich, daß das, was wir zu Hause unter dem eindeutigen gesellschaftlichen Platz eines Individuums verstanden hatten, auch hier noch existiere. Und das ist eben nicht der Fall. Nicht nur gilt es hier nicht mehr, daß man (oder gar jedermann) durch die Leitersprosse, auf der man steht, sozial definiert sei, sondern noch nicht einmal, *daß* man auf einer bestimmten Leitersprosse stehe. Tatsächlich hätte diese Betty, ehe sie sich mit H. hinlegte, einfach alles werden können, und wenn sie – was nun wahrscheinlich ist – die Frau eines Rechtshistorikers werden wird, so bedeutet das für sie nicht etwa eine Ehrung oder einen Aufstieg, denn in der pharmazeutischen Industrie würde sie vermutlich ungleich mehr machen und darum auch sein können, als er je als teacher, und selbst wenn er ein Einstein werden sollte, wird machen und sein können.

Wenn wir in Europa gefragt hatten: ‚Wer *ist* er?' oder ‚Wer *ist* sie?', dann hatten wir diese Frage, bürgerliche Revolution hin, bürgerliche Revolution her, doch immer noch so gemeint, wie die Aristokratie, der wir ja gar nicht zugehörten, nämlich im Sinne von: ‚Wo kommt er her, aus welchem Stalle stammt er?' Wesen und Herkunft hatte als eines und dasselbe gegolten – wer weiß, ob nicht der Begriff τὸ τὶ ἦν εἶναι ein Stück Aristokratenontologie dargestellt hatte. Gleichviel, in Amerika hat diese Gleichsetzung ihre Gültigkeit nun total eingebüßt, gottlob, so weit scheint hier trotz Klassenherrschaft die Demokratisierung doch gelungen. Dem entspricht, daß Nachnamen, also die Herkunftsnamen, hier zu verkümmern beginnen – was übrigens auch mit der ungeheueren Weite des Kontinents zu tun hat: denn die Wahrscheinlichkeit, daß Männer (z. B. die Kollegen innerhalb eines College), von denen jeder aus einer anderen Ecke des Erdteils kommt, je die Familie der anderen kennenlernen werden, ist minimal, und welchen Zweck sollte es unter diesen Umständen noch haben, einander bei Familiennamen anzureden? Mindestens in der middle class ist jeder, außer für Balkanesen, Ostasiaten oder Neger, den anderen wertgleich, ihn beim nackten Vornamen zu rufen und von ihm beim nackten Vornamen gerufen zu werden, ist völlig ausreichend, und obwohl sie noch nicht halb so alt ist wie ich, hat Betty (deren Nachname mir auch jetzt noch unbekannt ist) auch mich sofort ‚Gunther' genannt, mindestens gab sie von Anfang an einen Laut von sich, der wohl als ‚Günther' gemeint war.

Wenn es etwas gibt, was hierzulande an die Stelle der familiären Herkunft gerückt ist, so höchstens (abgesehen von Eigentumsstücken mit Statusfunktion) die ‚educational'-Herkunft, die Universität, von der man kommt, nämlich Harvard oder Smith College, deren gute Namen nun die guten Namen der Familienställe vertreten – was sich z. B. darin zeigt, daß auf Heiratsannoncen die absolvierte Schule, sofern diese Prestige genießt, gerne mitgeteilt wird. –

Zurück also zu dieser Betty, an der H., weil er eines Abends vor ein paar Monaten die leere Wohnung seiner Wirte zufällig mit ihr teilte, hängengeblieben ist. *Wer* dieses Mädchen war, blieb also für uns, L. und mich, völlig unklar. Für H. selbst, den ich (während sie im Wagen seiner Eltern saß, danach fragte, blieb der Sinn meiner Frage total unverständlich, er begriff wirklich nicht, was ich meinte. „*Was heißt wer?*" gab er achselzuckend zurück, „*eben sie.*" – Tatsächlich war mir das Identitätsurteil ‚A ist A', das ich nur aus der formalen Logik kannte und das mir vom 1. Semester an als Erfindung der kümmerlichsten Philosophen verdächtig gewesen war, nie zuvor als wirkliche Antwort auf eine wirkliche Frage begegnet. Hier also wurde die formale Logik zum Ereignis. Mehr als dieses ‚*Betty ist eben Betty*' aus ihm herauszupressen, gelang mir nicht, höchstens noch – aber das erschloß ich nur, teils aus Blicken und Gesten, teils aus halben Worten, daß sie seine Erste war, und daß er ihre Geschlechtsmerkmale für ihre individuellen Tugenden oder für ihre hocherfreulichen individuellen Untugenden hielt. Und schließlich geruhte er mir noch mitzuteilen (aber wiederum achselzuckend und so als könnten nur Idioten so Selbstverständliches fragen), daß auch sie auf ein College gehe – was also darauf herausläuft, daß auch sie, genauso wie Rachelle, diejenigen fünf oder zehn Namen (wiederum Van Gogh, Freud, Joyce, Kafka etc.) beherrscht, die heute erforderlich sind, so wie ihre Tanten vermutlich die wichtigsten Heiligennamen beherrscht hatten. Aber damit greife ich vor. Schließen wir rasch den Bericht über die Liebesgeschichte ab, was in ein paar Worten geschehen kann. Da H. an jenem schicksalsschweren Abend festgestellt hatte, daß sie – was ja bei einer siebzehnjährigen gesunden Amerikanerin kein Wunder ist – Eigentümerin einer herrlichen körperlichen Ausstattung war, und da sie ihm ein Erlebnis vermittelt hatte, das seine bisherige Welt (die ausschließlich Bildungs-, technische und Sport-Welt gewesen war) durchschlagen hatte, hatte er ihr also seinen Antrag gemacht und ihr Ja bereits erhalten, ehe er noch beim Fragezeichen seiner Frage angelangt war. Kurz: Die zwei Kinder hatten beschlossen, Ehe zu spielen.

An sich ist dieser Entschluß das hierzulande völlig Normale. Jungen Leuten, die, wie zu unserer Zeit, reguläre gar jahrelange ‚Verhältnisse' miteinander gehabt, gar gemeinsam gewohnt hätten, bin ich niemals begegnet, anderes als Ehe kommt hier nicht in Frage. Natürlich hat das zur Folge, daß viele von denen, die nun Kinder kriegen, selbst noch Kinder sind, tatsächlich geschieht es nicht selten, daß er oder sie, wenn sie ihre Kinder in den Kindergarten bringen, gleich zu *ihrer* Schule weiterfahren, weil auch sie noch die Schulbank drücken. Zu behaupten, daß diese Einrichtung der Frühehe (richtiger: dieser Rückgriff auf die Frühehe) nichts als ‚progressiv' sei, wäre irreführend. Schließlich liegt die Frühehe durchaus im Interesse des wahrhaftig noch nicht abgestorbenen Puritanismus, denn sind erst einmal zwei junge Leute verheiratet, dann bleibt ihnen ja keine Zeit mehr, um Lieben zu probieren oder um, wie es in unserer Generation selbstverständlich gewesen war, Liebeserfahrungen zu sammeln, also um ‚erfahren' zu werden. Vielmehr bleiben hier die zwei blutjungen Ehepartner von Kopf bis Fuß Stümper, *unskilled bed workers*; und daß sie das bleiben und weder Zeit noch Kraft finden, sich anderem zu widmen als dem money making, der Sicherheit, dem Haus, der Frau, dem car und dem Baby, das liegt eben im Interesse derer, dic an der Perpetuierung des Puritanismus interessiert sind. *Festgelegtes frühes Sexleben wird als Mittel gegen Sexualität nicht nur erlaubt, sondern befürwortet.* Welche Rolle einmal im europäischen Leben ihrer Großeltern sog. ‚Erlebnisse' gespielt hatten: die Lust und der Schmerz, sich in die Angelhaken unmöglicher Situationen zu verbeißen, davon haben sie (obwohl sie die Dokumente dieser Erlebnisse in ihren Englisch- und Französischkursen büffeln und obwohl sie sogar elektrische Lochkartenprüfungen durchzumachen haben, um zu beweisen, daß sie diese als ‚cultural values' eingestuften Erlebnisse ihrer Großeltern auch wirklich ‚beherrschen') nicht die mindeste Ahnung.

*

Die zwei Kinder H. und B. hatten also beschlossen, bzw. es war ihnen (ohne daß sie sich der Unfreiheit ihrer Beschluß-Situation bewußt geworden wären) nichts anderes übrig geblieben, als zu beschließen, einander zu heiraten. Und die Stiftung dieser Ehe, die nun stattfinden sollte, die erforderte, obwohl die zwei Hauptfiguren ‚nachnamenlos' waren, doch noch einmal einen raschen Rekurs auf obsolete Bräuche: nämlich daß die Nachnamen, sprich: die Eltern der zwei, einander trafen. Und das sollte nun also geschehen, und das war für die zwei Elternpaare natürlich ein etwas großer Bissen. Den Kindern in ihrer Kindischkeit war es nämlich nicht in den Sinn gekommen, daß es vielleicht ratsam sein könnte, ihren Eltern etwas über die Eltern des anderen zu erzählen; bzw. *was* sie erzählt hatten, war so undeutlich und so unartikuliert geblieben, daß sich weder H.'s Eltern eine Vorstellung von B.'s Eltern, noch B.'s Eltern sich eine Vorstellung von H.'s Eltern machen konnten. Vermutlich hatten H.'s Eltern, die mit allen Wassern modernster Kultur gewaschene deutsch-jüdische Wissenschaftler sind, L. und mich deshalb darum gebeten, bei dieser ersten Begegnung dabei zu sein, weil sie sich vor dieser ein bißchen grauten, und weil sie hofften, daß wir die eventuelle Kollision vielleicht als Puffer ein bißchen würden dämpfen können. Gleichviel, wir fuhren zwei Stunden lang durchs herbstliche Land, und was L. und mich betraf, so erwarteten wir irgendeine Villa im Grünen.

*

Vor ihren riesigen und (wie wir gleich beim ersten Blick erkennen konnten) gekachelten und gewiß elektrisch geheizten, gelüfteten und gereinigten Ställen empfing uns, ummeckert von vielen Ziegen, mit aller nur denkbaren Herzlichkeit, in einer Sprache, die aus Resten oberbayerischen Dialekts, versetzt mit Amerikanismen bestand, ein Dorfehepaar, *er* in Hemdsärmeln, *sie* im Samtkleid, Modejahr unbestimmbar; hinter ihnen, sie überragend, der Geistliche der community, der ebenfalls noch Deutsch sprechen zu können glaubte und den sie offenbar um die gleiche Hilfe gebeten hatten, um die H.'s Vater mich gebeten hatte. Kurz: Bauern aus der Gegend des Chiemsees, seit 45 Jahren im Lande, ein bißchen noch königstreu, aber natürlich Eigentümer nicht nur zweier neuer Chevrolets, sondern auch eines enormen Lieferwagens, ohne den sie ihre Ziegenmilch nicht zur Molkerei bringen könnten.

Mit diesen beiden, der nächsten Familie und einigen Nachbarn verbrachten wir also den Hochzeitstag. Anfangs hatte ich das Gefühl, ein höhnischer Dämon habe es sich ausgedacht, zwei um Lichtjahre voneinander entfernte Gruppen durcheinanderzurühren, um einmal zu sehen, was sich aus dieser Mischung wohl entwickeln würde, aber wenn er schadenfrohe Hoffnungen gehegt haben sollte, erfüllt haben diese sich nicht. Kollisionen sind nicht eingetreten, nein, noch nicht einmal Mißhelligkeiten, antisemitische oder anti-intellektuelle Bemerkungen fielen von ihrer Seite ebensowenig wie antiwittelsbachische von unserer Seite – keine Frage: das Hauptverdienst trug dabei die Toleranzerziehung, die eben bis in diesen Dorfwinkel hinein ausgestrahlt hat (sofern man hier von ‚Dorf' oder ‚Winkel' reden darf, denn ‚remote or hidden places' gibt es ja hierzulande nicht mehr, auch technisch gesehen ist ja jede ländliche Region genauso ‚up to date' wie jede Stadt). Gleichviel, alles funktionierte aufs beste. Unfähig bin ich allerdings, zu erklären, *wie* dies alles funktionierte und *was* wir eigentlich während der drei oder vier Stunden, die wir so ungleiche Wesen freundschaftlichst zusammen verbrachten, miteinander geredet haben. Nun, natürlich haben wir fast pausenlos gegessen, und Menschen, die zusammen um einen unter Speisen zusammenbrechenden Tisch sitzen, die haben nicht nur keine Gelegenheit dazu, einander in die Haare zu geraten, die werden umgekehrt sogar gut Freund miteinander, das Wort ‚Liebesmahl' existiert ja nicht grundlos; aber stumm können wir ja während der stundenlangen Tafelei im Garten nicht dagesessen haben, stumm haben wir auch nicht dagesessen, und es kann doch eigentlich kein einziges Thema gegeben haben, das nicht heikel gewesen wäre. Wie gesagt, was da vor sich gegangen ist, und wie das funktioniert hat, das kann ich nun nach vierundzwanzig Stunden schon nicht mehr rekonstruieren. Woran ich mich dagegen genau erinnere, ist, daß ich, weil ich nichts mehr essen, und der Brautvater nichts mehr trinken konnte, beschloß, diese doppelte Unfähigkeit zu benutzen. Ich ließ mir von ihm die Ziegen zeigen und erklären (etwa 200 luxuriös gehaltene schwarze und weiße und gescheckte, die also das Töchterchen instandsetzen, sich mit Kafka und Joyce vertraut zu machen), woraufhin ich mit ihm in den riesigen Obstgarten schlenderte, um um die Wette nach in ihren Ästen zurückgebliebenen Birnen zu werfen, die er, wenn er sie nicht traf, mit obszönsten Worten belegte, ohne diese damit freilich einzuschüchtern, sie blieben gelassen hängen. Unerwarteter- und unbegreiflicherweise warf ich besser als er – als Philosophierender lernt man eben zu zielen –, was mir seinen von Minute zu Minute steigenden Respekt eintrug, den komischsten Respekt, der mir jemals gezollt worden ist. Gleichviel, zielen und treffen macht natürlich jedem normalen Menschen Spaß, das zu zweien zu tun, verbindet sogar noch enger, als zusammen zu essen oder zusammen zu reden – kein Wunder, daß wir zur maßlosen Überraschung aller Arm in Arm zur Hochzeitsgesellschaft zurückkehrten; nicht unmöglich, daß mich mein neuer Freund, der Brautvater, der immerhin ein paar Gläschen zuviel intus hatte, für den Schwiegervater seiner Tochter hielt. Deren wirklicher Schwiegervater und der Bräutigam blickten uns fassungslos, vielleicht sogar ein bißchen neidisch an, als wir wieder am Tisch Platz nahmen und einander wie alte Spießgesellen auf die Schenkel schlugen.

*

Die zwei Familien. Was wird daraus nun werden? Wird die ‚Verbindung' zwischen ihnen aufrechterhalten bleiben wie die

Verbindung zwischen den Kindern? Wie um Gottes willen soll das technisch vor sich gehen? Oder wird es bei dieser ersten Begegnung, die ihren unbezweifelbaren Höhepunkt im Birnenschießen und in der Solidarisierung mit mir fand, sein Bewenden haben? Die Kinder scheinen nichts von den Schwierigkeiten, die da bevorstehen, zu ahnen. Sie scheinen nur einander zu meinen. Was freilich jeder von ihnen im anderen sieht, und warum bei der Millionenauswahl, die in New York zur Verfügung steht, *er* gerade *sie*, und *sie* gerade *ihn* haben mußte, das ist nach dem Besuch auf dem Lande noch unerfindlicher geworden, als es vorher gewesen war. Mir kommen die zwei vor wie jene Freunde in der molussischen Fabel, von denen die Mitwelt nicht begriff, daß sie, obwohl der eine eine rote Brille trug und der andere eine grüne, so gut miteinander auskommen konnte. Die zwei begriffen freilich überhaupt nicht, welche Schwierigkeiten man ihnen da andichtete. Und zwar deshalb nicht, weil der Grünbebrillte den Rotbebrillten grün sah, wie es sich gehörte; und der Rotbebrillte den Grünbebrillten rot, wie er es erwartete – kurz: weil keiner von beiden im anderen irgend etwas Fremdes entdecken konnte. – Hoffen wir, daß sich mindestens diese schändliche Art von Einverständnis auch hier durchhalten werde.

Buchanzeigen

GÜNTHER ANDERS
Gesammelte Schriften in Einzelbänden

Die Antiquiertheit des Menschen
Erster Band

Über die Seele im Zeitalter der zweiten industriellen Revolution
7. Auflage. 1985. XI, 353 Seiten. Leinen
XII, 353 Seiten. Paperback (auch BsR 319)

Die Antiquiertheit des Menschen
Zweiter Band

Über die Zerstörung des Lebens im Zeitalter der dritten industriellen Revolution
4. Auflage. 1986. XI, 465 Seiten. Leinen
465 Seiten. Paperback (auch BsR 320)

Die atomare Drohung

Radikale Überlegungen
5., durch ein Vorwort erweiterte Auflage von „Endzeit und Zeitenende". 1986
XIV, 224 Seiten. Paperback (BsR 238)

Besuch im Hades

Auschwitz und Breslau 1966. Nach „Holocaust" 1979
2. Auflage. 1985. 218 Seiten. Paperback (BsR 202)

Hiroshima ist überall

1982. 394 Seiten mit 3 Abbildungen. Broschiert

VERLAG C.H.BECK MÜNCHEN

GÜNTHER ANDERS
Gesammelte Schriften in Einzelbänden

Wir Eichmannsöhne

Offener Brief an Klaus Eichmann
2., durch einen weiteren Brief ergänzte Auflage. 1988. 100 Seiten.
Paperback (BsR 366)

Ketzereien

1982. 348 Seiten. Leinen

Lieben gestern

Notizen zur Geschichte des Fühlens
2., durchgesehene Auflage. 1989. 138 Seiten. Paperback (BsR 377)

Mensch ohne Welt

Schriften zur Kunst und Literatur
1984. XLIV, 249 Seiten mit 15 Abbildungen. Broschiert

Tagebücher und Gedichte

1985. VII, 394 Seiten. Broschiert

Mariechen

Eine Gutenachtgeschichte für Liebende, Philosophen und
Angehörige anderer Berufsgruppen
1987. 90 Seiten mit einem Autorenporträt. Englische Broschur

Der Blick vom Turm

Fabeln
Mit 12 Abbildungen nach Lithographien von A. Paul Weber
3. Auflage. 1988. 102 Seiten und 12 Tafeln. Gebunden

VERLAG C.H.BECK MÜNCHEN